德育主任新方略

(《中小学德育主任工作指导手册》修订版)

丁如许◎著

中国轻工业出版社

图书在版编目(CIP)数据

德育主任新方略：中小学德育主任工作指导手册/丁如许著.—修订本.—北京：中国轻工业出版社，2014.10（2025.9重印）
ISBN 978-7-5019-9902-6

Ⅰ.①德… Ⅱ.①丁… Ⅲ.①中小学-德育工作-手册 Ⅳ.①G631-62

中国版本图书馆CIP数据核字（2014）第203022号

保留所有权利。未经中国轻工业出版社书面授权，任何人不得以任何方式（包括但不限于电子、机械、手工或其他尚未被发明或应用的技术手段）复印、拍照、扫描、录音、朗读、存储、发表本书中任何部分或本书全部内容，以及其他附带的所有资料（包括但不限于光盘、音频、视频等）。中国轻工业出版社未授权任何机构提供源自本书内容的电子文件阅览、收听或下载服务。如有此类非法行为，查实必究。

责任编辑：吴 红　　　责任终审：杜文勇
策划编辑：吴 红　　　责任校对：刘志颖　　　责任监印：吴维斌

出版发行：中国轻工业出版社（北京鲁谷东街5号，邮编：100040）
印　　刷：三河市鑫金马印装有限公司
经　　销：各地新华书店
版　　次：2025年9月第1版第11次印刷
开　　本：710×1000　1/16　印张：14.25
字　　数：120千字
印　　数：27001—29000
书　　号：ISBN 978-7-5019-9902-6　定价：32.00元
读者热线：010-65181109
发行电话：010-85119832　　010-85119912
网　　址：http://www.chlip.com.cn　　http://www.wqedu.com
电子信箱：1012305542@qq.com
如发现图书残缺请拨打读者热线联系调换
251569Y1C111ZBW

修订版序

说起学校中重要的岗位,大家常常会说,班主任岗位很重要。其实还有一个重要的岗位,那就是德育主任。

德育主任是学校的"大班主任"。他需要像班主任那样关心学生的全面发展,关心学生的道德成长。

德育主任大多经历过班主任岗位的锻炼,具有比较丰富的德育工作经验,但德育主任又有着比班主任更重的工作责任,需要更加开阔的教育视野。他不仅要关注学生的发展,还要关注班主任的发展。

有些德育主任认为这份工作太辛苦,选择了放弃;有些德育主任在经历了几年的工作历练后,被选拔到德育校长、校长的岗位;更多的德育主任需要较长时间的坚守。这一岗位也成了历练人的重要岗位。

由于这样那样的原因,人们强调得比较多的是班主任的专业化发展、校长的专业化发展,但是对中层干部,特别是对德育中层干部的专业化发展关注不够。其实这也是一个不可忽视的重要岗位。

好几家出版社关注到这一点,力邀我写这本书,我在三十多年的教育生涯中,有14年担任德育主任(副主任)的工作经历,而我的17年班主任工作经历、4年常务副校长工作经历又使我能从不同角度考量德育主任的工作。因此,我非常乐意接受这一任务。最终我选择了"万千教育",是因为我与"万千教育"还没有合作过。我希望与更多的教育图书策划、出版者合作,而"万千教育"近年来声名远播,也是我选择它的重要原因之一。

本书分为12个章节,每个章节的介绍力求规范而有新意,每个工作的思考力求深刻而有实效。这些专题的思考与分析，既凝聚了我多年研究的心血，也借鉴了全国各地中小学德育主任工作的成功经验，希望对德育主任们能有帮助。

非常感谢我的妻子，三十多年来，我们相濡以沫，她对我的工作总是大力支持。

非常感谢魏书生老师，他在百忙之中为本书写序。他的思想、观点和做法影响了许多许多人，他充满热情、风趣、朴实的序言为本书开了一个好头。

非常感谢和我一起工作的老师们，你们的智慧既在当时给予我力量，又在成书时给予我许多的帮助。

当然任何做法都不能简单照搬，我们要思考为什么要这样做，怎样做可以做得更好。我坚信，转益多师，取长补短，我们的德育工作一定可以更上一层楼。

德育主任也要走专业化发展之路，这是时代发展的呼唤，是德育主任成长的需求，也是学校成功的基石。

非常感谢万千教育，在吴红主任的大力支持下，《中小学德育主任工作指导手册》由中国轻工业出版社2013年1月出版后，一年内已2次印刷。上海、新疆、贵州、四川、河南、广西等地的区、市、县教育局将其选做德育主任培训教材，许多一线的德育校长、德育主任来信来函告诉我这本书对他们"非常有帮助"。

为了"让我们做得更好"，更好地发挥本书"随手翻翻""细细品味"的特点，我特意对它进行了认真的修订。

修订版吸纳了德育主任工作的新成果，如班主任工作室的研究、班主任节的研究、学校心理健康教育工作的研究等，以开拓思路。

修订版增加了较多的链接，如"班主任怎样写好读后感""班主任怎样写好教育案例""班主任怎样写好主题班会课教案"等文章，以方便参考。同时，在"目录"中纳入链接文章的标题和作者，以便于检索。

修订版的每一章后面都增设了思考题，便于读者阅读时自测，以促进思考。

我还逐字逐句地推敲了用词，力求表述准确。

全书的文字增加了近 1/3。

书名改为《德育主任新方略》，意在以新观念、新做法、新成果使我们德育主任的工作更上一层楼。

我期待每位中小学德育主任从中受益，也真诚地期待老师们给予我指导和帮助！

丁如许

2014 年 8 月 18 日

第一版推荐序

丁如许老师写了《中小学德育主任工作指导手册》，让我作序。这本书的编辑在简介中写道："这是我国第一本专门写给德育主任的指导手册。"

我点击"百度"输入"关于教师的书"，搜索显示有数百上千种不止；输入"关于校长的书"，网上也推荐了百余种图书；输入"关于班主任的书"，也有几十本专著；输入"关于德育主任的书"，真的还没有一本专著，至少在百度搜索中还没有。

中国有超2亿中小学生，假设平均1000名学生一所学校，一所学校设置一位德育主任，那么在这个岗位上工作的人也有将近20万人，这么多人显然希望看到几本，乃至十几本有关自己岗位的专著。丁老师的这本书出版，对德育主任们来说，是一个好消息。

1978年8月我担任辽宁省盘锦市盘山县第三中学主抓德育工作的主任。当时的工作千头万绪，难分轻重缓急，那时我就非常渴望看到一本德育主任工作指导书，可惜找不到。只好自己摸索着干，走了一些弯路。今天看到丁老师写的书稿，感到十分亲切，认真拜读，受益良多。

我觉得这本书有三个特点：

（1）从学生实际出发，开展德育工作。

丁如许老师是德育工作的行家里手，他在全国好多省市现场上班会课，获好评如潮，我非常佩服他。折叠衣物、整理文具、切土豆、削苹果、炒鸡蛋、做家务这些琐事，丁老师却能吸引学生在教室里、大厅里，当着同学、家长的面，高高兴兴地做，全神贯注地投入进去，连放学铃响都听不到，天黑了还想继续比。班会课上到这种程度，学生怎么可能不爱父母、不爱劳动、不爱学习？那么，怎样才能上好班会课呢？丁老师在书中写道："德育主任应对班主任进行有效的指导""要坚持正面教育，不能情绪化地处理班级事务，特别是在批评学生时不要说过头的话""应充分调动学生的积极性""直面学生的学习生活，关注学生的困惑""抓住学生的主要问题，给予积极的引导""关注学生的细小反应""晓之以理，动之以情，使学生入情入境、入耳入心"。丁老师工作的出发点、落脚点，除了学生，还是学生。这样开展德育工作，学生感觉入情入理、入耳入心，自然事半功倍。

（2）既全面系统，又突出重点。

丁老师从加强部门建设、重视队伍建设、推进日常管理、指导学生工作、校园文化建设、开展社会实践等12个专题入手指导德育主任开展工作。即使是一位刚上任的主任，照这些专题做了，也能做到顾全大局、统筹兼顾、尊重规律、点面结合。兼顾全面的同时，作者又强调了第三部分工作"推进日常管理"是重点。这从目录中的小标题便可以清楚地看出来；而在"推进日常管理"的六项工作中，"一日常规管理"又是重点。作者只举了"人民路小学一日常规管理"的例子，这又给初中、高中、中专学校的德育主任留下了思考、发展的空间，可以在坚持本校一日常规管理的基础上再发展、再创新，把德育工作越做越好。

（3）注重细节，操作性强。

德育最忌假、大、空。丁老师做了近20年德育主任、德育副校长，在每个位置上都做得很出色，在全国产生了积极的影响，原因之一是：他始终注重细节。对师生提出的要求可操作，只要肯做，都能做到；只要做，都有效；只要常做，都有常效。本书几乎每一章、每一节都注重细节，都注重可操作性。单是"教室环境"这一节，丁老师就写了9条大同、5条小异，条条细致，句句可行。以"心愿树"为例，书中写道："心愿树由心形的小卡片组成，每张卡片上写着学生的心愿，班级全体任课老师也写出自己的心愿，师生的心愿卡片相对而贴，构成'心心相印'的生动画面，寓意在师生共同浇灌下，'心心相印'的大树将结出丰硕的果实。"学生在这样细心布置的教室环境中学习，心中爱同学、爱老师、爱集体、爱家乡、爱祖国的幼苗自然会不断发新芽、长新叶、抽新枝。

我愿向德育主任推荐丁老师的这本书，也盼望德育工作者写出更多适合德育主任看的书，以推动中小学德育工作开创更真、更善、更美的新局面。

2012年6月17日，丁如许老师和我在四川省宜宾市委党校礼堂同台讲课。课后他给我布置家庭作业："为《中小学德育主任工作指导手册》写一篇序，1000字以上，2000字以内。25日前交卷，可以吗？"我当即表决心："一定按时按量完成作业。"接到任务后，我连夜赶到泸州讲学去了。刚回北京，中华书局的宋小凤老师又催我审《守护传统常识》的稿子，昨天校对了一天，明天还要去长春讲课。今天再不写就不守信用了，便匆匆看书稿，匆匆写序言，匆匆交作业。不知丁老师是否满意，倘不满意，若能宽限几日，我再重写。

是为序。

魏书生

2012年6月21日

（魏书生：当代著名教育改革家，全国劳动模范，著名特级教师。）

目　　录

修订版序（丁如许）……………………………………………………………… I

第一版推荐序（魏书生）………………………………………………………… V

第一章　加强部门建设 …………………………………………………………… 1
　一、明确岗位职责 ……………………………………………………………… 1
　二、制订工作计划 ……………………………………………………………… 8
　　链接　上海市晋元高级中学德育处2010学年第一学期工作计划（丁如许）… 9
　　链接　上海市晋元高级中学德育处2010学年第二学期工作计划（丁如许）· 15
　三、开好三大会议 ……………………………………………………………… 20
　　链接　新学期班主任会议备忘（陆旭怡）…………………………………… 23

第二章　重视队伍建设 …………………………………………………………… 25
　一、倡导"读"领风骚 ………………………………………………………… 25
　　链接　学校图书馆"班主任报刊"征订参考目录（周怀成）……………… 27
　　链接　第101个问题——读《班会课100问》有感（杨武）……………… 28
　二、举办德育论坛 ……………………………………………………………… 31
　　链接　全国著名班主任、班主任工作专家专题讲座目录（部分）（刘胜平）… 31
　　链接　做学校德育的有心人

　　　　——听丁如许老师的讲座《做最好的德育主任》有感（陈光灿）··33
　　　链接　晋元中学"草根论坛"研讨话题（丁如许）·················35
　三、实行规范化操作···36
　　　链接　晋元中学班主任工作规范化操作方案（1）
　　　　——怎样进行家访（陈尚圣）·································38
　四、开展专项训练···39
　　　链接　班主任怎样写好读后感（于建国　卢文燕）···············40
　　　链接　班主任怎样写好教育案例（王军）·······················43
　　　链接　班主任怎样写好主题班会课教案（丁如许）···············46
　五、加强工作考核···51
　　　链接　晋元中学班主任考核方案（丁如许）·····················53
　六、组建班主任工作室···54
　　　链接　"8+1"班主任工作室的实践（秦望）······················57
　　　链接　为打造优秀班主任队伍奠基
　　　　——有感于丁如许老师的讲座《打造优秀的班主任队伍》（曾凡琴）··60

第三章　推进日常管理···63
　一、入学教育···63
　　　链接　上海市晋元高级中学校史校规应知应会测试题（丁如许）···65
　二、一日常规管理···67
　　　链接　人民路小学一日常规管理（丁如许）·····················68
　三、教室环境···70
　四、班会课···72
　　　链接　小学班会课基本课参考目录（刘咏　等）·················78
　　　链接　初中班会课基本课参考目录（李燕　等）·················81
　　　链接　高中班会课基本课参考目录（王华　等）·················83
　五、升旗仪式···85

　　　　链接　升旗手须知（丁如许）……………………………………………86
　　　　链接　升旗仪式主持稿（样稿）（丁如许）…………………………86
　　　　链接　上海市晋元高级中学2010学年第一学期国旗下讲话目录（丁如许）…89
　　　　链接　上海市晋元高级中学2010学年第二学期国旗下讲话目录（丁如许）…90
　　六、表彰活动………………………………………………………………91
　　　　链接　上海市晋元高级中学学生评优方法（2012年）（丁如许）……92
　　　　链接　最甜蜜的幸福（次仁央宗）……………………………………95

第四章　指导学生工作……………………………………………………99
　　一、校级学生干部培训……………………………………………………99
　　二、班级学生干部培训……………………………………………………103

第五章　校园文化建设……………………………………………………109
　　一、学校环境布置…………………………………………………………109
　　二、德育规章制度…………………………………………………………111
　　　　链接　上海市晋元高级中学学生日常规章制度（丁如许）…………113
　　三、校园节庆活动…………………………………………………………118
　　　　链接　山东省博兴县实验中学第五届班主任节方案（魏立涓　孙岩巍）…120
　　　　链接　学校活动节日化（徐正富　宗永安）…………………………124

第六章　开展社会实践……………………………………………………127
　　一、春秋游…………………………………………………………………127
　　　　链接　舟山市定海区册子中心小学开展"低碳春游"活动……………129
　　二、军训……………………………………………………………………129
　　　　链接　军训小资料（袁薇）……………………………………………132
　　三、学农……………………………………………………………………134
　　　　链接　学农入营班主任工作"五个一"（张正国）……………………136

四、校外社会实践基地建设···138
　　　　链接　寻找龙图腾——上海博物馆活动设计方案之一（周祎）··········140

第七章　打造德育品牌···143
　　一、培育德育品牌···143
　　　　链接　高三学生十八岁成人仪式暨志愿加入中华骨髓库活动（高毅芳）····145
　　二、申报德育品牌···148
　　三、发展德育品牌···149
　　　　链接　校名资源深挖掘　将军精神永传扬（丁如许）··········150

第八章　加强家校合作···157
　　一、组建家长委员会···157
　　二、办好家长学校···160
　　三、建设家长资源库···162
　　　　链接　上海市长征中心小学家长志愿者资源库（2011年）（臧小东）····164

第九章　加强心理健康教育···167
　　一、建立制度保障···167
　　　　链接　学校心理健康教育的制度保障（杨敏毅）··········168
　　二、加强队伍建设···169
　　　　链接　教师心理品质的提升和优化（杨敏毅）··········170
　　　　链接　三心相约，共筑"心"家园（谢晓敏）··········173
　　三、开展教育活动···176
　　　　链接　随"网"潜入"心"，润物细无声（谢莹）··········178

第十章　开展德育研究···181
　　一、倡导问题研究···181

　　　　链接　用故事演绎魅力班会课（夏洁）……………………………………182
　　二、推进课题组研究……………………………………………………184

第十一章　重视社区教育……………………………………………………189
　　一、建立共建关系………………………………………………………189
　　二、巧用社区资源………………………………………………………190
　　　　链接　在社区实践中成长
　　　　　　——上海市晋元高级中学学生暑期社区实践活动报告（丁如许）··191

第十二章　做好其他工作……………………………………………………199
　　一、做好资料收集………………………………………………………199
　　二、加强宣传报道………………………………………………………200
　　三、开展帮困助学………………………………………………………202
　　　　链接　在关爱中成长（丁如许）………………………………………205
　　四、做好订报用报………………………………………………………207

第一章 加强部门建设

有人戏说:"学校里的事,教务处不管的,都归德育处管。"这句话说明德育处事多且琐碎。虽然事多且琐碎,但德育主任应在校长的支持下建章立制,明确德育处的工作职责(并不是教务处不管的,都归德育处管,学校还有其他部门,每个部门都应做好本部门的事),明确德育处主任、副主任、工作人员各自的工作职责,做到分工明确,各司其事,同时分工不分家,齐心协力,努力做好工作。

一、明确岗位职责

首先分工要明确。由于学校规模不一,德育处人员的配备也不一。有些校长在可能的情况下,会将德育处工作人员多配备一些,以利于德育处开展工作。这样的做法是值得推广的。

下面介绍"上海市晋元高级中学德育处工作职责"。

上海市晋元高级中学德育处工作职责

1. 在校党总支、校长室的领导下,协助德育分管领导,根据党和国家的教育方针和上级教育主管部门的工作意见,制订学校德育工作规划、每学期和月度德育工作计划,实施学校德育工作计划,检查、总结学校的德育工作。

2. 加强班主任队伍建设。定期召开班主任会议，组织班主任进行工作经验交流。协同年级组对班主任进行月度、学期的考核。加强对班主任的业务指导，开展讲座、经验交流、编选工作文集、指导班主任参加市区班主任工作竞赛等活动，提高班主任育德能力，促进班主任专业化发展。

3. 负责学校德育课程《生活经验课程》的开发、管理。编制、修订学生手册。开展生活经验课程的实践、评价活动。

4. 负责学校重大德育活动的策划、实施。根据校情、重大节日、纪念日及中心工作开展活动。做好国旗下讲话工作。

5. 抓好学生行为规范管理、教室卫生安全管理等日常管理。做好学生评优，召开学年学生表彰大会、结业式及专题教育。指导班主任做好后进学生的转化工作。

6. 开展学校红十字会工作，制订紧急逃生预案，落实救护教育训练、防灾自救逃生演练工作，开展禁毒教育、艾滋病教育等专题教育。做好少儿医疗住院险，中国人寿住院、意外险，上海市医疗保障等工作。做好生活困难生补助工作。

7. 开展学生军训、国防教育、学农、观看电影、暑期社会实践等活动。组织学生参加沪、港、澳、新四地征文，"生活的准则"征文，影评等活动。

8. 做好家校协同教育工作，定期检查班主任家访情况，指导各年级、各班级开好家长会，组建学校家长委员会，指导各年级、各班级组建年级、班级家长委员会及开展工作。召开学校家长委员会年会。

9. 承担市区各级德育课题研究。指导班主任开展德育课题研究。

10. 加强心理健康教育。开展学生心理健康状况专题调查，进行新生入学心理测试，建立学生心理档案，加强对有心理疾患学生的咨询、辅导和追踪教育，建立工作档案，加强个案研究。开展心理健康专题教育活动，组织心理健康教育专题讲座。

11. 做好各类档案资料，完成上海市文明单位、上海市安全文明学校等检查评比资料的上报。做好日常向区教育局基教科、宣传科等部门上报材料的工作。

12. 做好对外宣传报道，向市区报刊、网站报道本校的工作动态、成功经验，向校园网站、《晋元》杂志投稿，报道本校的德育工作，主管校园网德育网页。

13. 加强卫生保健工作。举办健康知识讲座，运用校报、广播、电子小报等形式开展健康教育，针对季节性疾病及突发性疾病做好应对预案。

14. 完成领导交办的其他任务。

这份工作职责责任明确，是根据多年的工作总结出来的。当时晋元高级中学德育处设主任1人、副主任1人、主任助理1人、工作人员2人。为了切实做好工作，该校进一步明确了部门的岗位分工。下面介绍德育处岗位分工。

上海市晋元高级中学德育处岗位分工（2010年9月）

德育处主任（丁如许）

1. 在校长室、党总支的领导下，制订学校德育工作规划、每学期和月度德育工作计划。

2. 主管德育处工作，主持德育处日常工作。

（1）加强与部门工作人员的联系，及时研究解决工作中出现的问题。

（2）主持每周一的部门工作会议，布置工作，研究存在的问题。

3. 负责班主任队伍的建设与考核。

（1）每月召开一次全校班主任会议，评点工作，布置任务，组织班主任工作经验交流。

（2）设计、修订班主任考核标准。协同年级组对班主任进行月度、学期的考核。

（3）加强对班主任的业务指导，负责校内讲座、编选班主任工作文集、指导班主任参加市区各类班主任基本功及专业技能比赛。

4. 负责学校德育课程《生活经验课程》的开发、管理。

（1）编制新的学生手册，修订已有的学生手册。

（2）负责社区实践的推进、考核。抓好点上的实践，推进面上的实践。

（3）负责红色之旅社会实践考察活动及红色之旅报告会。

5. 负责学校重大德育活动的策划、实施。

（1）纪念谢晋元将军的活动。

（2）与上海市百老德育讲师团、上海市新四军历史研究会四师分会开展的活动。

（3）逢重大节日、纪念日（如清明、端午、中秋、国庆、抗战胜利纪念日、长征胜利纪念日等）开展的活动。

（4）配合中心工作开展的活动（如迎接北京奥运会、上海世博会等）。

6. 负责长征社区教育活动。

（1）参加长征镇青保办工作会议。

（2）组织学生参加长征镇开展的活动。

（3）参加长征镇未成年人思想道德教育工作室研究工作。

7. 负责国旗下讲话。

（1）确定国旗下讲话主题，修改学生文稿。

（2）负责每周一的国旗下讲话。

8. 学生管理及评优工作。

（1）参与学生校东门值勤、学生食堂中午值勤管理。

（2）组织每学期结业式及每学年学生表彰大会。

9. 负责德育科研工作。

（1）承担市区各级德育课题研究。

（2）负责指导班主任开展德育课题研究。

10. 负责"四地征文"等市区读书征文活动。

（1）组织参加沪、港、澳、新四地读书征文活动。

（2）组织参加"生活的准则"征文活动。

11. 负责德育处对外的上报资料。

（1）负责上海市文明单位、上海市安全文明学校等检查评比的上报资料。

（2）负责给区教育局基教科、宣传科等部门的上报资料。

12. 负责对外宣传报道。

（1）负责向市区报刊、网站投稿，报道本校的工作动态、成功经验。

（2）负责向校网站、《晋元》杂志投稿，报道学校工作动态。

13. 负责普陀区教育局基教科高中二组德育主任联席会议。

德育处副主任（袁薇）

1. 抓好教室卫生、安全管理，包括：

（1）抓好卫生、安全常识教育。

（2）组织管理好眼保健操。

（3）每周协同年级组完成教室安全卫生检查。

2. 抓好学生日常行为规范管理，包括：

（1）抓好学生礼仪规范教育，协同年级组完成开学初的仪容仪表检查，督促年级组每月一次的仪容仪表整改。

（2）抓好学生晚自习纪律教育，落实每日晚自习管理检查。

3. 抓好家校互动工作，包括：

（1）组建学校家长委员会，召开学校家长委员会年会，指导学校家长委员会工作。

（2）指导年级组组建年级家长委员会，了解各年级家长委员会工作情况。

（3）定期检查班主任家访情况；指导各班组建班级家长委员会，了解各班家长委员会工作情况。

4. 抓好学生社会实践（军训、国防教育、学农等）的组织、落实工作。

5. 抓好学校的红十字会建设，制订紧急逃生预案，落实救护教育训练、防灾自救逃生演练工作，落实学生红十字会会费的缴纳，开展丰富多彩的红十字会活动。

6. 负责办理对严重违纪学生的处分及撤销手续,提交校长审批后公布,并做好受处分学生的教育工作。

7. 负责每年度红十字会少儿医疗住院险,中国人寿住院、意外险,上海市医疗保障的学生信息汇总、校对与缴费工作,完成保险申请与理赔工作。

8. 抓好生活困难学生的社会补助工作(电子五十所爱心捐助活动)。

9. 抓好影视教育工作,组织开展观看电影、写影评等活动。

德育处主任助理(张蓉)

1. 心理健康教育,包括:

(1)参与制订学校心理健康教育的发展规划和年度工作计划,做好学校心理健康教育阶段性、专题性、年度工作总结。

(2)负责组织对学生心理健康状况的专题调查,分析学生心理健康状况;负责对新生进行心理测试、心理分析,建立学生心理档案,掌握全校学生的心理状况。

(3)负责对有心理问题的学生进行个别咨询(辅导)和追踪教育,建立工作个案;负责对有心理行为问题的学生进行团体辅导、团体训练。

(4)制订适合各年龄段学生特点的心理健康教育专题活动方案,定期组织全校心理健康教育活动,组织学校心理健康教育专题讲座。定期对班主任及生活老师进行培训。

2. 卫生保健工作,包括:

(1)加强与班主任的联系,认真做好学生常见病、多发病的预防及统计工作。

(2)认真制订好学期和学年的健康教育计划;每学年为学生举办四次健康知识讲座,确保授课质量。

(3)建设好各种健康教育宣传阵地,运用校报、广播、电子小报、文化长廊等形式开展健康教育。

(4)做好季节性疾病及突发性疾病的应对预案,积极做好卫生保健宣传工作。

德育处工作人员（姜炜）

1. 参与组织策划学校重大交流、德育、文体等活动。

2. 参与校史的搜集、整理与宣传。承担校史馆讲解工作。

3. 参加晋元文化、晋元精神的研究。

4. 组织策划"红色之旅"等学生社会实践考察活动。指导、培训学生参加校、区、市各级演讲、辩论、朗诵等赛事，参与学校管乐团等学生艺术社团的建设工作。

5. 参与《生活经验课程》的开发与研究。

6. 承担学校视频宣传的策划与实施工作，参与对学校优秀师生的宣传推介工作，参与招生季对家长的宣传工作。

德育处工作人员（陆旭怡）

1. 参加德育处例会，做好德育处例会记录。

2. 按周、按月进行每周、每月文明班级考评。

3. 完成每月班主任考评。

4. 每月进行黑板报评比。

5. 每学期做好困难生的"两免一补"、助学金以及长风生态助学金的统计、发放。

6. 做好德育处档案的整理。

7. 班主任例会材料的准备。

8. 每学期报刊征订和发放。

9. 每月走读证的办理。

部门岗位分工与部门职责对应，进一步细化，做到分工具体、明确。这样职有专司，有利于增强大家的工作责任心，调动积极性，加强对工作的熟悉和深入研究；同时工作分工不分家，要注意"补台"，齐心协力做好工作。当然作为部门主管，要了解部门工作人员的工作情况，既要放手让他们做，又要在他们遇到困难时，积极地为他们出谋划策，以便推进工作。

二、制订工作计划

"凡事预则立",当新学期即将开始时,德育主任应在校长的指导下,积极谋划学校的德育工作计划。德育主任应是校长构建学校德育工作计划的助手,是校长推进学校德育工作计划的骨干。

学校的德育工作计划应该紧扣学校的教育理念,有明确的工作思路,有明确的工作要点,做到:"常规工作常抓不懈,常抓常新。特色工作打造亮点,突显不凡。薄弱工作加强反思,重点突破。"

1. 常规工作常抓不懈,常抓常新

德育工作是有许多常规工作的。常规工作是学校管理的"基本动作",德育主任对此一定要高度重视。有人主张常规工作不必写或只是简单地提一下。其实常规工作一定要写,有时还要列为重点工作。写是关注,写是思考。德育工作计划的基本项目一定要保持,同时在工作中思考如何改进、如何提高,做到常抓常新。比如,班主任队伍建设、学校日常管理、学校文化建设、家校协同教育等,都是学校德育的常规项目。每学期制订计划时要写明,同时思考改进做法。比如班主任队伍建设,我在上海市晋元高级中学工作时提出推行"班主任工作规范化操作方案",连续五年在制订方案、修订方案、完善方案上下工夫,班主任的教育理念、操作方法、工作效果均发生了改变,取得了显著的成果。

2. 特色工作打造亮点,突显不凡

学校德育工作要想有特色、有影响力,必须做坚持不懈的努力。在工作计划中对德育特色的形成要有思考,有亮点。比如,上海市晋元高级中学在推进学生暑期社区实践时,2008年的重点是学生党校学员在居委会的"点"的实践推进,初步编制了学生社区学习手册;2009年则是在新高二年级"面"

上的推进,进一步修订了学生社区学习手册;2010年进一步完善了社区实践评价标准;2011年则召开学生座谈会、居委会文教干部研讨会、班主任工作布置会,编制了社区实践推荐课程。由于每年有规划,每年有突破,学生社区实践活动不断向前推进,学校德育工作荣获了上海市社区教育优秀成果一等奖,并多次应邀在市区有关会议上介绍,成为学校的德育特色品牌。

3. 薄弱工作加强反思,重点突破

对工作的薄弱环节,要加强反思,予以突破。比如对校园手机、早恋、网络成瘾等问题,晋元高级中学采取德育处与年级协同攻关的做法,高一年级重点研究"校园手机"问题,高二年级重点研究"早恋"问题,高三年级重点研究"网络成瘾"问题。学校将薄弱环节的突破列入工作计划,在德育处例会时多次研讨,并在全校班主任会议上组织了年级之间的交流,这样重点明确,通力合作,较好地突破了难点。

要谋划新学期的工作计划,还应该把学校工作放在社会发展的大背景下来思考,结合社会发展的特点、热点来思考,这样立意更深、效果更好。

德育工作计划应由指导思想、工作思路、主要工作等组成。为了做到重点突出,可将每学期的新做法用加粗字体来表现。

工作中,有时"计划"不如"变化"快,德育主任要根据变化的情况,对已有的计划做必要的修改,这样有利于以后工作计划的制订。

链接

上海市晋元高级中学德育处2010学年第一学期工作计划

上海市晋元高级中学 丁如许

一、指导思想

以邓小平理论、三个代表重要思想为指导,认真贯彻落实科学发展观,

贯彻落实中共中央、国务院8号文件，贯彻落实市教委"两个纲要"，继续探索新形势下学校德育工作的途径和方法，创设优良的育人环境和氛围，进一步加强班主任队伍建设，加强常规管理，加强校园文化建设，将德育工作与时代特点、学生实际结合起来，进一步完善生活经验课程体系，加强德育科研，努力形成本校德育工作的新特色。

二、德育工作思路

以8号文件为指导，全员参与德育工作，坚持以爱国主义教育为核心，以德育的课程化建设为重点，以树立远大志向、增强爱国情感、规范行为习惯、提高基本素质为着力点，以明确社会责任和历史使命为升华点，**以纪念抗日战争胜利65周年、参观上海世博会为契机**，开展德育工作，使德育"为学生的卓越发展奠基"。

三、本学期主要工作

（一）以落实两个纲要为重点，切实加强班主任队伍建设，倡导勤于实践、乐于奉献、勇于创新的作风，为班主任的发展搭建舞台，帮助班主任成功。

1. 认真学习党的十七大精神以及市政府、区政府、教育行政部门的重要文件，学习教育部新颁布的《中小学班主任工作规定》，确立"育人为本"、"德育为首"的教育理念，**继续办好晋元德育名师论坛和班主任微型论坛**，加强交流，加强研讨。切实做好教师育德经验交流，增强全体班主任和全体教师的责任感和荣誉感，共同承担起教书育人的光荣使命。

2. 加强班主任队伍建设。坚持班主任工作每月量化考核制度，继续改进班主任工作的评价方法，**进一步发挥市区级、校级优秀班主任的骨干作用、示范作用**，积极参加上海市宝山杯班主任实践活动报告评比竞赛和普陀区德育论文评比。通过多种渠道、多种形式为班主任搭建展示才华的舞台，创造条件帮助班主任成功，努力营造争当班主任、争当优秀班主任的良好氛围。

3. 积极推进校德育名师工作室工作。加强团队合作，**继续编写和推行"晋元班主任工作规范化操作方案"**；积极开展信息技术条件下班主任工作研究，利用校内博客加强交流。

（二）以常规管理工作为抓手，加强日常行为规范教育。重过程管理，重实际效果。

4.进一步强化常规管理工作，继续做好班级卫生、住宿常规、就餐、晚自修等环节的检查、考评、反馈工作。重点抓好教室规范、晚自修、外卖的管理。实行德育处卫生安全周检制；晚自习管理要求条例化，明确教师到位时间、巡视的次数、检查的要求；加强对外卖的例检，切实保障学生的食品安全。在常规管理中加强与年级组、相关部门的合作，针对管理中的难点问题或薄弱环节，提出有效措施（高一年级重点研究"校园手机"问题，高二年级重点研究"早恋"问题，高三年级重点研究"网瘾"问题）。加强年级组研究成果的共享。

5.进一步加强对住宿学生的管理，以《生活园区手册》（修订本）为抓手，加强班主任与生活老师共同管理的力度，在宿舍管理评比中继续推行达标法；做好西藏班学生的管理和服务工作，以严格科学的管理、热情优质的服务和务实有效的活动提升工作的质量。

6.开展对班级学生干部的培训工作，完善班级学生干部例会制度，加强对班级学生干部（本学期为班长、宣传委员）工作方法的指导，定期开展交流活动，推动学生自我管理能力的提高。

7.加强各年级应急防护知识的学习和演练，在各年级演练的基础上，形成安全教育的常态活动。

8.加强日常法制教育。以班会、板报、讲座等多种形式开展法制教育，增强学生的法制观念，提高学生遵纪守法的自觉性。

（三）以爱国主义教育为核心，积极贯彻落实两个纲要，结合国内外重大事件，结合社会实践和社会热点，结合学校特点，开展系列主题教育活动。

9.积极开展第七个"弘扬和培育民族精神月"活动。以纪念抗战胜利65周年为重点，积极做好高一新生入学教育、新学期开学、庆祝第26个教师节、"9·20"公民道德宣传日、迎接国庆61周年等工作。

10.开展纪念抗战胜利65周年系列活动。为纪念抗战胜利65周年，开展诗歌朗诵会、读书征文、走访新四军老战士、演讲比赛等活动，回顾抗日战争的艰难历程，学习八路军、新四军和八百壮士保家卫国、奋勇抵御外侮的英勇事迹，树立为共和国发展而刻苦学习的坚定志向。

11. **继续开展观世博活动**。各班指导学生开展参观世博园区活动，邀请世博志愿者为学生讲解世博看点、交流世博攻略，倡导文明观博、智慧观博，参与世博志愿活动。通过撰写观后感，组织开展摄影、DV展示、演讲等活动，记录世博之旅，体验世博魅力。班主任完成实践活动报告一篇。

12. **开展庆祝第26个教师节活动**。为弘扬尊师重教、爱生敬业的优良传统，开展"我心目中的好老师"演讲、师生联欢等活动，促进师生情感交流，增强教师的荣誉感、责任感。

13. **切实提高班会课质量**。班会课是学校实施德育的重要课堂，是德育课程化建设的重要内容。各年级根据"两纲"和年级特点，确定活动的选题，继续进行主题教育课的研讨。进行班会课评比活动。加强班会课的检查和交流。及时介绍先进经验，解决存在的问题。充分利用《魅力班会课》一书，**努力形成个人的精品课、代表作，加强对教师精品课、代表作的推介工作，加强德育资源库建设**。

14. **积极组织好社会实践活动**。高一年级开展军训，高二年级开展学农活动。认真总结经验，创新工作内容和方法。**探索我校校外德育基地上海市禁毒教育馆、上海市档案馆（高一）、上海博物馆（高二）的合理布局和有效使用**。

15. **加强与社区教育的融合**，做好长征镇优秀园丁奖和英才奖的评选工作。

16. **积极组织学生参加上海市教委德育处和有关报刊社开展的各项竞赛活动**，**组织学生参加第12届实验性示范性高中演讲比赛、长征杯金口才大赛等活动**。

17. **加强尊重长辈、孝敬父母的教育**，积极参加区中华传统美德教育研究会举办的孝亲敬老演讲比赛、小故事征集评比及"孝亲敬老之星"评比活动。

（四）创建富有人文精神的校园文化环境，打造校园文化精品项目，积极开展丰富多彩的校园文化活动，满足寄宿学生对文化生活的需求，为学生多方面才能的发展提供空间。加强宣传工作，展示学校德育工作的风采。

18. 以创建和谐校园为目标，进一步开展创建"温馨教室"和"温馨寝室"的活动。**完善"温馨教室"和"温馨寝室"建设标准，开展"温馨教室"及"温馨寝室"布置评比活动，认真总结"温馨教室"和"温馨寝室"建设的成功范例**，发挥班主任作为教师集体的主任教师作用，重点研讨如何形成共识，如何关心不同类型的学生，各班要建立心理偏差学生档案，加强对这些学生的辅导和跟踪指导。探索新的教育理念和方法，形成和谐的师生情感沟通，从物质到精神、从管理到服务，营造诚信、友爱、积极、健康、充满活力的集体环境。

19. 通过多种渠道、多种形式，关心帮助困难学生，**切实做好"两免一补"工作，建立困难学生成长档案**，从思想上、物质上帮助困难学生更好地成长。

20. 继续加强红十字会工作，**加强卫生知识普及系列教育，培养学生良好的卫生习惯**，进一步推动工作的制度化、规范化。

21. **加强对德育工作的宣传报道**，积极为学校网站、《晋元》杂志提供德育工作的资料，做到及时、重点突出。加强与市中小学德育网、普陀教育网、班主任网等网站的联系，展示学校德育工作的风采。

（五）继续搭建学生自主管理的平台，让学生通过自主管理发展才能、培养责任感。

22. 指导各年级学生自主管理委员会开展工作，让更多的学生参与学校管理，**加强学生信息调研工作，倾听学生对学校教育教学的呼声，及时掌握学生思想动态和热点问题**，及时调整工作方法策略，为学生自主发展打好基础。进一步完善学生自主管理委员会各部门的制度和职责，对常规管理工作加强指导和监督。

23. 落实学生自主管理委员会各部门每月工作汇报和总结制度，使学生自主管理深入到校园生活的各个层面，**继续办好校园广播站，开展校园电视台试播工作**。通过校、年级、班级学生自主管理网络，使各项管理有效、有序进行。

（六）**加强家庭教育，充分发挥家长资源的教育作用，实现教育力量整合。**

24. 建立健全班级、年级、校级家长委员会工作网络。**协助组建高一年级家长委员会**，加强对各年级家长委员会工作的指导；指导校级家长委员会开展活动，召开校家长委员会年会。加强家庭与学校之间的沟通和交流，指导家长积极开展"创建学习型家庭"活动，组织家庭教育经验交流，加强对家庭教育的指导。

25. 积极参加市区家庭教育宣传周活动，推介先进的教育方法，提高家长教育子女的水平。

（七）**以科研为先导，加强德育科研。做好生活经验课程的研究工作。做好"十八岁成人仪式暨志愿加入中华骨髓库"德育品牌的申报工作。**

26. 进一步加强生活经验课程体系的建设，实现生活经验课程网上选课并推进评价体系建设，加强对生活园区课程的实践研究，**编制新的社会实践手册，认真做好入学教育、军训、学农、国防教育、社区学习、红色之旅等10本学生手册的修订工作，完成生活经验课程学生手册的基本框架**。加强对生活经验课程评价体系的研究和试验推进工作。

27. **切实做好高二、高三学生假期社区实践的评价工作**。总结经验，完善晋元中学生活经验课程社区实践评价体系。

（八）**切实做好德育工作的资料收集和整理工作。**

28. **切实做好德育工作的资料收集和整理工作**。通过收集和整理资料，加强过程管理，推动工作反思，迎接上海市安全文明校园、上海市实验性示范性高中的年检。

上海市晋元高级中学德育处2010学年第二学期工作计划

上海市晋元高级中学　丁如许

一、指导思想

今年正值"十二五"规划的开局之年。我校德育工作要以邓小平理论、"三个代表"重要思想、科学发展观为指导，深入贯彻落实《国家中长期教育改革和发展规划纲要》《上海市中长期教育改革和发展规划纲要》《普陀区中长期教育改革和发展规划纲要》和《普陀区教育事业发展"十二五"规划》，坚持"育人为本，德育为先"，继续探索新形势下学校德育工作的途径和方法，创设优良的育人环境和氛围，进一步加强班主任队伍建设，加强常规管理，加强校园文化建设，将德育工作与时代特点、学生实际结合起来，进一步完善生活经验课程体系，加强德育科研，努力形成本校德育工作的新特色。

二、德育工作思路

以8号文件为指导，全员参与德育工作，坚持以爱国主义教育为核心，以德育的课程化建设为重点，以树立远大志向、增强爱国情感、规范行为习惯、提高基本素质为着力点，以明确社会责任和历史使命为升华点，**以纪念建党90周年和辛亥革命100周年为契机**，坚持常规工作常抓常新，中心工作形成系列，品牌项目做实做强，使德育"为学生的卓越发展奠基"。

三、本学期主要工作

（一）以落实两个纲要为重点，切实加强班主任队伍建设，倡导勤于实践、乐于奉献、勇于创新的作风，为班主任的发展搭建舞台，帮助班主任成功。

1. 认真学习党的十七大精神以及市区政府、教育行政部门的重要文件，学习教育部《中小学班主任工作规定》，确立"育人为本""德育为先"的教育理念，**配合学校"晋元论坛"，紧扣纪念建党90周年，加强党史学习**，继续办好晋元德育名师论坛和班主任微型论坛，**通过博客建设，加强交流，加强研讨**。切实做好教师育德经验交流，增强全体班主任和全体教师的责任感和荣誉感，共同承担起教书育人的光荣使命。

2. 加强班主任队伍建设。坚持班主任工作每月量化考核制度。继续改进班主任工作的评价方法。**进一步发挥市区级、校级优秀班主任的骨干作用、示范作用**。积极参加上海市卢湾杯班主任育德能力竞赛活动。通过多种渠道为班主任搭建展示才华的舞台，创造条件帮助班主任成功，努力营造争当班主任、争当优秀班主任的良好氛围。

3. 积极推进校德育名师工作室工作。加强团队合作，**继续编写和推行"晋元班主任工作规范化操作方案"**。

（二）以常规管理工作为抓手，加强日常行为规范教育。重过程管理，重实际效果。

4. 进一步强化常规管理工作，继续做好班级卫生、住宿常规、就餐、晚自修等环节的检查、考评、反馈工作。重点抓好教室规范、晚自修、外卖的管理。实行德育处卫生安全周检制；晚自习管理要求条例化，明确教师到位时间、巡视的次数、检查的要求；加强对外卖的例检，切实保障学生的食品安全，**推行文明班级周评比达标法**，在常规管理中加强与年级组、相关部门的合作，针对管理中的难点问题或薄弱环节提出有效措施，加强年级组研究成果的共享。

5. 进一步加强对住宿学生的管理，以《生活园区手册》(修订本)为抓手，加强班主任与生活老师共同管理的力度，**在宿舍管理评比中不断完善达标法**；做好西藏班学生的管理和服务工作，以严格科学的管理、热情优质的服务和务实有效的活动提升工作的质量。

6. 开展对班级学生干部的培训工作，完善班级学生干部例会制度，加强对班级学生干部工作方法的指导，**开展交流活动**，推动学生自我管理能力的提高。

7. 以"全国中小学安全教育日"为契机，开展"强化安全意识，提高避险能力"安全教育日主题教育活动，组织开展疏散演练、进行专题安全教育、布置安全隐患排查作业。切实加强各年级应急防护知识的学习和演练，在各年级演练的基础上，形成安全教育的常态活动。

8. 加强日常法制教育，以班会、板报、讲座等多种形式开展法制教育，增强学生的法制观念，提高学生遵纪守法的自觉性。

（三）以爱国主义教育为核心，积极贯彻落实两个纲要，结合国内外重大事件，结合社会实践和社会热点，结合学校特点，开展系列主题教育活动。

9. 开展纪念谢晋元将军活动。进一步探索纪念谢晋元将军的有效形式，充分利用与宋庆龄陵园签约为共建单位等因素做好工作，组织学生祭扫谢晋元将军墓。

10. 开展纪念建党90周年系列教育活动。今年正值建党90周年，重点开展学习党史读书交流、党员教师微型党课、参观党的一大会址纪念馆、走访优秀共产党员、学生党员作汇报、责任担当辩论赛、三校红歌联赛、主题班会课比赛、黑板报展评、观看红色影片等活动，增强学生对党的热爱，使他们坚定人生信念，奋发向上。

11. 积极开展高三学生十八岁成人仪式暨志愿加入中华骨髓库捐献活动，邀请晋元首位捐献配对成功的志愿者郑钦文到校作报告，加强活动的参与度，丰富活动的形式，进一步提高学生的综合素质，做好活动对兄弟学校的开放工作，增强活动的社会影响。

12. 继续开展红色之旅活动。"五一"期间开展"光荣的新四军"盐淮行活动；暑期开展"重走长征路"福建行活动。红色之旅活动要在近年来举办报告会，学生文章发表或获奖，给当地领导写信的基础上，寻找学生综合素质提高的新的突破点。

13. 组织好校内、校外学生志愿服务活动及公益慈善活动，探索学生志愿服务活动的新形式，开展"学雷锋精神、扬世博新风"青年志愿者进社区活动，培养学生对自我、对他人、对社会、对国家的责任意识。

14. 继续开展向"全国十佳中学生"、我校2005届优秀学生周家耀，第28

届世界头脑奥林匹克比赛冠军我校OM队，2009届校友、优秀世博志愿者白一帆等优秀校友学习的活动。通过学习周家耀、校OM队、白一帆等校友的先进事迹，以身边的榜样激励学生热爱科学、刻苦学习、卓越发展、为国争光。认真做好优秀班集体和优秀学生的评选、表彰工作（高三年级4月初完成），召开校级表彰会，研究、总结优秀学生的成长规律，用多种形式鼓励学生争当先进。

15. **办好学生党团校**。以树立正确的世界观、人生观、价值观为主要内容，加强对各班党章学习小组的指导。聘请校内优秀党员教师开设学习辅导讲座，开展党员教师与学生入党积极分子结对活动，学生党校学员要在学校工作实践中发挥积极作用，做好发展学生党员的工作。在党校学员结业时采取申报交流鉴定制。

16. **切实提高班会课质量**。班会课是学校实施德育的重要课堂，是德育课程化建设的重要内容。各年级根据两纲和年级特点，确定活动的选题，继续开展班会课的研讨活动。加强班会课的检查和交流，及时介绍先进经验，解决存在的问题，积极组织参加市区"千校万课"班会课评比，参加《班会课100问》的编写，加强对精品课、代表作的推介工作，加强德育资源库建设。

17. 积极开展社会实践活动。**结合我校创新实验课程的要求，探索我校校外德育基地上海市禁毒教育馆（高一）、上海博物馆（高二）和党的一大会址纪念馆以及其他场馆的有效使用。**

（四）**创建富有人文精神的校园文化环境，打造校园文化精品项目，积极开展丰富多彩的校园文化活动，满足寄宿学生对文化生活的需求，为学生多方面才能的发展提供空间。加强宣传工作，展示学校德育工作的风采。**

18. 积极组织学生参加上海市教委德育处和有关报刊社开展的各项竞赛活动，**本学期组织全校学生参加第12届沪、港、澳、新、马及全球华人中学生阅读征文大赛**。组织高二、高三政治班认真学习上海市中学生时政知识大赛专辑；组织校内竞赛，**选拔学生参加第8届上海市中学生时政知识大赛**。

19. 以创建和谐校园为目标，进一步开展创建"温馨教室"活动。完善

"温馨教室"建设标准，**开展"温馨教室"布置评比活动**，本学期着力研究温馨教室建设中软环境的建设，即师生关系、生生关系。认真总结"温馨教室"建设的成功范例，发挥班主任作为教师集体的主任教师作用，重点研讨如何形成共识，如何关心不同类型学生，各班要建立心理偏差学生档案，加强对这些学生的辅导和跟踪指导。探索新的教育理念和方法，形成和谐的师生情感沟通，从物质到精神、从管理到服务，营造诚信、友爱、积极、健康、充满活力的集体环境。

20. 通过多种渠道、多种形式，关心帮助困难学生，**切实做好"两免一补"工作**，建立困难学生成长档案，从思想上、物质上帮助困难学生更好地成长。

21. 继续加强红十字会工作，**加强甲型流感预防专项工作**，加强卫生知识普及系列教育，培养学生良好的卫生习惯，进一步推动工作的制度化、规范化。

22. 加强对德育工作的宣传报道，积极为学校网站、《晋元》杂志提供德育工作的资料，做到及时、重点突出。**加强与市中小学德育网、普陀教育网、班主任网等网站的联系，展示学校德育工作的风采。**

（五）继续搭建学生自主管理的平台，让学生通过自主管理发展才能、培养责任感。

23. 指导各年级学生自主管理委员会开展工作，让更多的学生参与学校管理，**加强学生信息调研工作**，倾听学生对学校教育教学的呼声，及时掌握学生思想动态和热点问题，及时调整工作方法策略，为学生自主发展打好基础。进一步完善学生自主管理委员会各部门的制度和职责，对常规管理工作加强指导和监督。

24. 落实学生自主管理委员会各部门每月工作汇报和总结制度，使学生自主管理深入到校园生活的各个层面，**与上海人民广播电台"浦江之声"合作，进一步搞好校园广播站工作**。通过校、年级、班级学生自主管理网络，使各项管理有效、有序。

（六）加强家庭教育，充分发挥家长资源的教育作用，实现教育力量的有效整合。

25. **建立健全班级、年级、校级家长委员会工作网络。** 加强对各年级家长委员会工作的指导，指导校级家长委员会开展活动，加强家庭与学校之间的沟通和交流，进行家庭教育经验交流，加强对家庭教育的指导。

26. **继续加强感恩教育。** 在"5·15"国际家庭日开展"我想对您说"家庭交流活动，指导学生以互通书信、交谈、外出活动等多种形式与父母进行真诚的沟通，并用书信、照片、活动感受等形式记录下来。

（七）**以科研为先导，加强德育科研。** 进一步做好生活经验课程的研究和实施工作。

27. 进一步加强生活经验课程体系的建设，实现生活经验课程网上选课并推进评价体系建设，加强对生活园区课程的实践研究，**认真做好入学教育、军训、学农、国防教育、社区学习、红色之旅等10本学生手册的修订工作**，进一步完善生活经验课程学生手册的基本框架。加强对生活经验课程评价体系的研究和推进工作。

28. 切实做好高二、高三学生假期社区实践的评价工作。

三、开好三大会议

作为德育主任，要做好工作，一定要开好会议。通过交流，研究问题，获取信息；通过讨论，取长补短，达成共识；通过表决，集思广益，做出决定；通过听取他人发言，感受启迪。在实践中，德育主任要开好三大会议，即德育工作领导小组会议、德育处例会、班主任例会。

1. 学校德育工作领导小组会议

从工作隶属关系来看，学校德育工作领导小组会议应由德育校长负责。但德育主任应积极协助开好这一会议。在德育校长（有时可能是校长、书记会前就有关工作进行磋商时，积极提出合理建议，初步达成共识；在会上，遇到有争议的问题，德育主任要敢于陈述自己的见解；会后要积极贯彻落实会议的决定。

学校德育工作领导小组会议一学期应召开3～4次，同时要做好会议记录。

2. 德育处例会

德育处例会为部门会议，时间最好为每周一上午的第一节课。选择周一，因为这是一周的开始；只安排一节课的时间，要求高效地讨论工作。

出席德育处例会的，为德育主任、副主任及各年级负责人（由于各校管理机制的不同，在实行两级管理模式的学校，是年级副主任；在实行三级管理模式的学校，是年级组长）。德育处干事负责会议记录。

作为德育主任，对德育处例会应有比较全面的思考。一般先提出上周存在的问题，如日常管理、中心工作等，对问题不仅要敏锐及时地发现、提出，而且要有初步的解决意见；当然也可以在会上进行讨论，征询大家的意见，形成共识。然后对本周的工作进行布置。布置工作时要交代清楚工作要求、难点、时间节点等。

德育主任讲完后，由副主任讲。最后询问与会人员是否还有问题要讨论。

因为是例会，要注意会议的质量。德育主任事先要有所准备，可以拟出议事要点，逐一交流，同时要求与会者准时到会（事先与教务处联系，在排课表时保证与会人员准时参加）。一般来说，德育处例会议事内容充实，时间安排一定要紧凑。

如遇到特殊情况，还可以召开专题研讨会。

3. 班主任例会

由于各校管理模式不同，采取三级管理模式的，德育处要召开班主任工作周会，或半个月举行一次会议；采取两级管理模式的，则召开班主任工作月会。现在许多学校实行两级管理模式，对班主任的日常管理常由年级组负责，德育处重点负责班主任工作月会。

因为是月会，所以应对一个月以来的工作情况做点评，并布置下个月的工作。为了增强工作的有效性，可以对工作中的重点问题进行研讨。

在布置下一个月的工作时，德育处应提供书面的月度工作计划。根据月度工作计划进行讲解，并抓住要点进行说明。

如果时间充足，应邀请班主任对工作的难点问题进行讨论。这种关注身边难点问题的讨论，可称之为"草根论坛"。

如果学校规模小，德育处需召开班主任工作周会。周会布置具体工作，同时印发书面材料作为必要的补充。

学期开学前或学期结束前，德育处要召开全校班主任会议布置工作。新学期的工作会议，一般有三个内容：

（1）对假期工作进行小结。

表扬先进，对存在的问题进行分析，如果还有待完成的事宜，应发放"工作备忘表"。

（2）对新学期德育处工作计划做介绍。

德育处提供德育处工作计划，对重点工作、新的工作进行讲解，以便班主任了解。

（3）对本月工作进行布置。

虽然是新学期工作会议，但月度工作要一并布置。德育处同样要提供月度工作计划，依据月度工作计划布置工作。布置工作时应重点突出。

新学期工作繁多，要发的资料也多，德育主任可准备"新学期班主任会议备忘"，以保证工作无遗漏。

新学期班主任会议备忘

上海市晋元高级中学 陆旭怡

1. 班主任工作手册
2. 学校德育工作计划、学校月度工作计划
3. 班主任工作计划、班级工作计划（样张）
4. 班会记录簿
5. 学杂费减免表、学杂费减免申请要求
6. 信箱钥匙
7. 学生书报订阅单
8. 走读申请单、走读申请要求（适用于寄宿制学校）
9. 出门证、请假单、宿舍准入单（适用于寄宿制学校）

学期结束会议一般在放假前一周召开。选择这一时间，一是因为上级主管部门的假期工作意见已下达，便于学校整合布置工作；二是给班主任思考工作的时间，便于班主任向本班学生布置工作。一般有两个议程：

（1）组织优秀班主任进行工作经验交流。

经验交流时选取的角度要小，挖掘要深；不必面面俱到，而要选择自己体会最深或最成功的做法进行介绍，同时制作课件，以增强表达效果。

（2）对假期德育处工作计划做介绍。

德育处提供德育处寒假（暑假）工作计划，对重点工作、新的工作进行讲解，以便班主任了解。

由于临近假期，班主任事情特别多，开会一定要高效、准时、重点突出、要言不烦。

开会一定要有好的会风。对于全校的班主任会议，许多学校有明确要求，如指定座位就坐（按年级就坐，便于管理）、做好记录（"好记性不如烂笔头"，及时记录也保证了听讲效果）、在会场不接听手机（以免影响他人，有要事到室外接听）等。而德育处精心做好准备，每次会议老师们都有所收获，会形成良好的会风，有利于各项工作的贯彻落实。

思考题

1. 有些德育主任埋怨德育主任岗位"工作最辛苦，成绩难看到"，您怎样看待他们的埋怨？有些德育主任认为德育主任岗位"最能锻炼人，大的活动搞得好也挺有成就感的"，您认同他们的观点吗？您对做好德育主任工作有信心吗？

2. 您认为德育主任要做好岗位工作应具备哪些基本素质？

第二章 重视队伍建设

班主任是学校工作的骨干力量。德育主任除了要加强自身修养、以身作则外，更要在班主任队伍建设上下工夫、多投入，努力打造一支爱岗敬业、锐意进取、务实创新的班主任队伍。

一、倡导"读"领风骚

"班主任'读'领风骚"是班主任队伍建设的第一要务。

班主任要胜任今天的工作，往往存在着"先天不足"。教师作为学科教员，在师范院校已进行了为期三四年的专业学习；而作为班主任，却只在师范院校学习了短短几周。虽然近年来许多师范院校加强了对班主任专业的开发，但最多只有为期一年的专业学习，实在是"先天不足"。班主任走上工作岗位后，又被繁重的课务、大量的杂务甚至琐碎的家务所困扰。如今教育要求不断提高、教育对象不断变化，我们曾在不少学校图书馆做过调查，发现借书最少的通常是班主任；许多班主任无暇读书，又造成了"后天失调"。

现在，班主任要适应时代发展的需要，要胜任本职工作，当务之急是加强学习，不断增加自己的知识底蕴，增强自己的学识修养，增添自己的人格魅力。德育处应是班主任读书的组织者和推动者。

1. 建立班主任小书架

新学期开学，所有的学校都会给任课老师发教学参考用书，但很少给班主任发书。在班主任专业化发展的今天，学校也应该给班主任发放教育参考用书或是班主任专业读物。"新学期班主任也领新课本"，学校应倡导和组织班主任进行专业学习。

苏霍姆林斯基以及魏书生、李镇西、张万祥、丁榕、高金英、万玮、任小艾等优秀班主任的书，都值得细读。捧着书本学习，"台灯下的世界"温馨而宁静，优秀班主任的著述牵动着老师们的心潮。在阅读中班主任可以提升师德、增强师能，在书香世界里追求真、善、美。实践中有不少学校形成了比较好的传统，比如辽宁省辽阳市第一中学、华南师范大学附属小学、浙江省金华市站前小学等许多学校都经常给班主任送书发书。

给班主任发教育参考用书时，书的选择范围还可以更广泛一些，比如名人传记、时政通俗读本等也可以列入。

2. 阅读"班主任报刊"

从实际出发，班主任还要多读报刊。书籍像大餐，报刊像快餐。报刊传递信息较书籍更为迅捷。学校图书馆应为班主任订好"班主任报刊"。

作为班主任，应每星期抽出时间进一次学校的图书馆（阅览室），经常阅读《班主任》《班主任之友》《湖北教育·新班主任》《德育报》等报刊。小学班主任还应阅读《辅导员》《少先队活动》等刊物。

在订阅报刊时，德育处要为学校当好参谋，为图书馆征订班主任报刊出谋划策。

当然，阅读不只是文本阅读，德育处还要鼓励班主任开展电子书阅读。现在许多老师家里有计算机。瞬时的网络连接，就可使我们成为现代的读书郎。"秀才不出门，全知天下事"，鼠标在握，就掌握了打开知识宝库的钥匙。

但是，上网还是不够的，还要拥有书。因为网上许多资料收录不全，而上网的快速浏览不如"坐拥书城"读得深入，所以"一册在握"仍是最方便的。

学校图书馆"班主任报刊"征订参考目录

四川省古蔺县鱼化初中　周怀成

1.《班主任》（北京教育科学研究院主办，邮发代号82—799）

2.《班主任之友》（湖北第二师范学院主办，中学版邮发代号38—64）

3.《班主任之友》（湖北第二师范学院主办，小学版邮发代号38—63）

4.《湖北教育·新班主任》（湖北教育报刊传媒有限公司主办，邮发代号38—907）

5.《福建教育·德育》（福建教育杂志社主办，邮发代号34—1）

6.《中国德育》（中央教育科学研究院主办，邮发代号80—430）

7.《辅导员》（共青团中央主办，邮发代号2—157）

8.《少先队活动》（中国福利会少年宫主办，邮发代号4—429）

9.《中小学德育》（华南师范大学主办，邮发代号46—252）

10.《德育报》（太原师范学校主办，邮发代号21—85）

3. 开展读书交流

学校应组织多种形式的读书交流，引导班主任在工作中践行优秀班主任的成功之路，其中有效的做法为写好读后感、举办读书经验交流会等。

一篇好的读后感，应该有自己的思考、有亮点、有文采，而且能在校园网上发表交流。

读书交流应事先确定好主题。既要有老师重点准备的发言，也要鼓励大家即兴发言。德育处可以准备一些书作为奖品，如果有可能，德育主任还应积极向有关报刊推荐好的读后感。

第101个问题
——读《班会课100问》有感

重庆市中山外国语学校　杨武

五年前，我大学毕业，走上三尺讲台，知道了一件事情——班主任要上主题班会课。

四年前，我上了第一堂主题班会课的公开课——"成长的烦恼"。学生很热闹地表演了情景剧、小品、诗歌朗诵，俨然一堂文艺汇演。但热闹了一阵，就过去了。

三年前，我的主题班会课依旧是"文艺汇演"。

两年前，亦然。学生笑嘻嘻地说，月初排练，月底表演。表演过后，全部扔掉。

一年前，我有了些许改变，我开始策划我的"故事青春"系列主题班会课。但是，对怎样上好主题班会课依旧懵懂。

半年前，我参加了新纪元教育研究院的班主任工作室，认识了导师丁如许老师，恭敬地拜他为师。

丁老师对班主任工作有许多独到的见解，其班会课研究更是独树一帜，在全国享有广泛的影响。于是主题班会课这扇在很多人眼里极其神秘的大门为我打开了，我走进了这扇门。

曲径通幽，原来"风景这边独好"。

我开始阅读关于主题班会课的书籍、杂志、文章。2013年暑假，我仔细阅读了丁如许老师主编的《班会课100问》一书。

我从来没有想过，关于主题班会课的问题居然还有这么多，我也从未想过,解决主题班会课的问题原来还有这么多的方法和技巧。

这本书搜集了全国范围内班会课实践中遇到的各类问题,而且都是一线班主任需要解决的问题,当然,也是我想到或可能想到却不知如何解答的问题。

"这是一本很好的剑谱!"我的脑海里冒出了这个想法。

于是,我抓紧时间读并认真地做笔记:这一点我怎么去运用,那一点我怎么去运用。

看完"怎样确定班会课的选题",我想到的是在新的学期,我应该如何去为我的班会课选题,要"大处着眼,小处着手",紧扣班情、着眼学生发展的需要;看完"怎样制订班会课的教育目标",我想到作为班主任,我们既要"寓教育于活动之中",又要思考要通过哪些途径、哪些方法来达成我们的教育目标,使教育走进孩子的心灵;看完"怎样发挥家长在班会课中的作用",我首先感到有点意外——原来家长也可以参与到班会课中来,接着便是一种冲动,思考我们班有哪些可以利用的教育资源,怎样切实发挥家长的教育作用;看完"怎样调动任课老师参与班级活动的积极性",我做了一个决定,在新的学期,我一定把任课老师邀请进入我们班的班会课,请他们一起做好班级工作……

看完一个个问题,我都有不少感慨,觉得这一个个的问题其实我们也是常遇到的,而解决问题的方法,我们过去没有深思过。现在的对策就是上好主题班会课的一招一式,实用性很强,操作性很强,完全是拿来就可以用。

"这是一本很好的剑谱!"我突然很想快点开学,很想把这一招一式用到我的班会课上。我很心急。

但是,在重读这本书的序言时,为本书写序的著名德育专家、中国教育学会德育专业委员会主任委员班华教授的一段话提醒了我——"读者不能满足于操作层面的学习,更重要的是学习支撑一次成功班会课的教育理念、教育精神。"

我忽然想到了武侠电视剧。在武侠电视剧里面,拳脚功夫、刀功剑法,只是浅层次的，而真正厉害的应该是内功秘籍。

于是，我再读《班会课100问》，不是当作一本很好的剑谱来读，而是当作一本难以获得的内功秘籍来读。

对，是的！这本来就是一本很好的主题班会课内功秘籍！

模糊中，我似乎有些明白。从开篇"班会课有怎样的作用"到结语"怎样让班会课更有魅力"，一篇一篇，我仔细揣摩，力图把握丁老师的教育理念和教育精神。

通过两周一次的视频研讨和经常的网络交流，我渐渐走近了丁老师。

一堂有魅力的班会课，不只是靠鲜明的主题；一堂有魅力的班会课，不只是靠新颖的形式；一堂有魅力的班会课，不只是靠表面的热闹。

那么，一堂有魅力的班会课需要如何打造呢？

《班会课100问》告诉我，在书中体现的丁老师的教育理念是以学生的发展为主，班会课是班主任建班育人的重要途径；丁老师的教育精神则是不懈地探索、不断地创新。一堂有魅力的班会课，应该是用心来呈现的。用虚心去学习，用细心去准备，用精心去设计，用真心来展示。

只要虚心地去学习他人的好经验，用细心去根据本班的情况进行精心的准备，最后和学生一起真心交流、真情呈现，就能走进魅力班会课的行列。

这本书里面所讲的解决问题的方法无不是用心在做，原来，这本书并不只是技术层面的东西，还有深层次的思想内涵：着眼学生的未来，为学生综合素质的发展奠基。

读完《班会课100问》，我不得不向自己提出第101个问题——"我，应该如何上好主题班会课？"

答案就是16个字——

学习，学习，不断学习；用心，用心，永远用心。

(本文发表于《中国教师报》2013年11月13日)

二、举办德育论坛

德育主任应通过举办德育论坛来交流思想、探讨问题、提升认识。

1. 举办"德育名师论坛"

学校应积极邀请优秀班主任、班主任工作专家到校做专题讲座,让班主任直接面对名师,聆听教诲,感受工作的激情,感悟育人的真谛。优秀班主任和班主任工作专家先进的教育思想、高超的工作艺术、成功的实践经验,会对班主任工作产生积极的推动作用。

为办好"德育名师论坛",德育处要搜集身边的名师资源,了解全国、省市、区县的名师,制订切实可行的授课计划。从实践看,每学期邀请1~2位名师到校授课比较适宜。邀请名师时,事先要与名师做好沟通,确定好讲题。

如果直接邀请有困难,可采取观看视频讲座、录像等方法。有条件的学校还可以聘请名师担任顾问、工作室导师,对教师进行长期的指导。

全国著名班主任、班主任工作专家专题讲座目录(部分)

北京国基创新教育咨询中心　刘胜平

1. 魏书生:《班主任工作的艺术》
2. 李镇西:《做最好的班主任》
3. 丁榕:《了解学生是教育学生的前提》
4. 高金英:《要善于抓住教育契机》
5. 任小艾:《教师素养与班主任工作》

6. 丁如许:《打造魅力班会课》

7. 万玮:《班主任兵法与教育智慧》

8. 张万祥:《创建班集体有新招》

9. 桂贤娣:《做一个快乐的班主任》

10. 齐学红:《班主任的职业幸福感》

11. 王晓春:《关于问题生的教育》

12. 郑学志:《班级自主管理的有效途径》

13. 陈宇:《让教育融入我们的生命》

14. 蒋自立:《自我教育点亮人生》

15. 赵凯:《中小学心理健康的班主任教育策略与艺术》

16. 钱志亮:《班主任如何指导家长》

17. 李迪:《中职生的教育故事》

18. 黎志新:《做智慧的班主任》

19. 全艺:《建设和谐的师生关系》

20. 王文英:《做新时代阳光型班主任》

21. 秦望:《共同生活是最好的教育》

22. 杨兵:《班会,师生共同的精神生活》

23. 张胜利:《家校合作,共同促进孩子成长》

24. 郑立平:《做一位快乐幸福的班主任》

25. 王立华:《我的班级管理之道》

26. 覃丽兰:《班级文化建设的艺术和技巧》

27. 郭玉良:《构建促进学生健康发展的家校合作教育》

28. 梅洪建:《班主任的迷失与突围》

29. 李平:《今天我们怎样做班主任》

30. 梁岗:《心理健康教育技术提升班主任专业素养》

做学校德育的有心人
——听丁如许老师的讲座《做最好的德育主任》有感

贵州省纳雍县新房中学　陈光灿

我参加过许许多多的德育培训，聆听过无数教育专家的谆谆教诲，曾经多次动笔想写一篇德育讲座的听后感，然而都由于这样那样的原因而搁笔。2013年4月18日，我参加了纳雍县教育局组织的德育主任培训，这次是由上海新纪元教育研究院丁如许工作室领衔人丁如许老师主讲，虽然只有短短的一天，我却收获颇丰。

一、主旨新颖

丁老师开场就表明，这次讲座以推动德育主任专业成长为宗旨，秉承分享、探讨、求教的思想，将他自己30多年的研究心得与老师们共同探讨。他希望能在讲座中向一线老师学习，共同修改完善《中小学德育主任工作指导手册》。

讲座中，丁老师娓娓道来，将他30多年的德育研究成果与我们共享，对如何做好德育主任进行了系统的阐述。同时农村学校德育处工作计划怎样制订，山区小学班主任论坛讨论怎样的话题，与留守儿童的家长怎样合作，丁老师在详细讲解了德育主任工作的有效操作后，还留给我们许多值得思考的"补充话题"。

二、互动充分

在上下午长达6个小时的讲座中，丁老师很少坐着讲，他来到我们身边，组织话题讨论，开展师生对话。他认真地倾听老师们的发言，还不时给发言的老师发点小奖品（这小奖品竟然是教育出版社的书讯资料），送上温暖的鼓励语言，使整个培训活动充满活力。

他还组织不同观点的老师对话，请全体与会者举手表示对发言者的观点是否认同，并由此组织更深入的讨论。手机怎样管理、校服怎样穿、"班主任节"怎样设计、校园读书活动怎样推进，许多问题都是德育主任工作中的难题，通过讨论，大家有了解决问题的有效方案。

课间10分钟的休息时间也显得弥足珍贵，丁老师还和与会老师们交流，就如何推动班主任培训等话题交换了意见。

三、语言经典

在整个培训活动中，丁老师语言流畅、生动，其中不乏经典语言，如：常规工作常抓不懈，常抓常新；特色工作打造亮点，突显不凡；薄弱工作加强反思，重点突破。再如，谈到德育主任要进行热点问题写作时，丁老师用"社会的焦点、领导的重点、同行的难点、成绩的亮点、媒体的兴奋点"做了生动的概括。

在整个培训过程中，我们尽情地享受经典语言的熏陶。

四、资料有效

这次培训，纳雍县教育局还特意给我们发了丁老师的新作《中小学德育主任工作指导手册》。丁老师讲课时依据这本书，就做好德育工作做了许多拓展和说明，可惜由于时间关系，十二个章节的内容，不可能一天讲完。但我们一书在手，可以在实践中细细琢磨，在实践中加深体会。

众人拾柴，集思广益，许多德育主任表示，从来没有参加过这样的培训，这次培训有助于我们增强信心，增添干劲，整好行囊，重新出发。

2. 办好"草根论坛"

工作中必然会遇到不少问题，及时地进行研讨，让班主任通过反思、交流、研讨，加快先进教育思想、科学管理方法的交流与共享很有必要。德育处可在每月班主任会议时安排专题研讨，举办班主任论坛，让做得好的班主任事先做好准备进行交流，如"怎样制定班级规章制度""怎样开展专题教育",这样的研讨具有针对性、时效性,校本的经验新鲜、实在。许多班主任戏称为"草根论坛"。但"草根论坛"的舆论导向需要引导。作为德育主任要加强学习,引领班主任形成正确的舆论共识。

德育主任还要注意对热点问题、难点问题的收集,多组织专题研讨,以增强"草根论坛"的研究力。

晋元中学"草根论坛"研讨话题

丁如许 整理

1. 怎样制订新学期的班主任工作计划?
2. 怎样教育上网成瘾的学生?
3. 中学生早恋一直是班主任工作中的棘手问题。班主任该如何对学生进行爱情教育?
4. 如果班级发生失窃案件,您有哪些处理策略?
5. 班干部应是班主任工作的得力助手,现在却出现班干部能力下降、威信不高的情况,请分析问题产生的原因,并找出解决的办法。
6. 作为班主任,该如何指导家长教育孩子?
7. 怎样发挥黑板报的教育功能?
8. 怎样上好班会课?
9. 怎样写好班主任工作总结?
10. 新形势下建班育人,你遇到了哪些棘手的新问题?

三、实行规范化操作

加强班主任队伍建设,提高班主任专业化发展水平,德育主任应认真梳理本校班主任工作经验,结合全国优秀班主任工作经验,整理和推出具有本校特色的班主任工作规范化操作方案,作为全校班主任工作的依据。

推进班主任工作规范化操作方案,是班主任由凭经验走向科学的有效途径。纵观许多优秀班主任的经验,不但具有鲜明的个性,而且可资借鉴、值得推广。比如魏书生的班级管理、张万祥的班集体建设、李镇西的班级民主管理,都值得学习;而我们各自的学校在工作中也形成了许多有实效的做法,认真筛选本校优秀班主任的经验,结合全国优秀班主任的成功实践,可以编制出班主任工作规范化操作方案,在全校推行班主任工作规范化操作。

1. 班主任工作规范化操作方案首先是基本标准

学校应通过班主任规范化操作方案提高班主任的认识,提升他们的工作水平。比如,许多班主任对班委会的人员组成看法不一,学校就应制定班委会工作制度,对班委会的人员组成、工作职责提出明确的要求。如班委会由班长、副班长、纪检班长、学习委员、宣传委员、文娱委员、体育委员、劳动委员、生活委员组成;每位委员分工明确。如班长的工作职责为:

① 认真参加学校、年级组工作例会,积极落实有关工作。

② 主持召开班委会,布置班级阶段性工作。

③ 制订班委会工作计划,检查班委的工作情况,着重负责学习委员、宣传委员、体育委员的工作检查。

④ 处理班级常规事务及班委会事务。

⑤ 及时向班主任汇报工作情况。

这样学校布置工作、开展干部培训时就能岗位明确、工作对口,检查评估责任明确。

2. 班主任工作规范化操作方案也应是高标准

班主任工作规范化操作方案虽是基本标准，但要求并不宜低，操作方案应既集中本校班主任的智慧，也吸收全国优秀班主任的研究成果，是需要班主任加强学习才能实现的操作方案。如怎样出黑板报，方案可指导班主任先组建黑板报编辑小组，可以在全班范围内"招兵买马"，也可以以小组为单位轮流出；同时要求班主任在组建黑板报编辑小组后给出具体指导，指导明确为四点：栏目、稿件、版面、出黑板报时间。每一点均要提出明确的要求，如版面设计，应遵循"方块为主，适当拐弯；图文并茂，图文相配；不留弄堂，参差有序；花边框线，运用自如"的原则。这样要求具体，学生才能较好地把握。

3. 班主任工作规范化操作方案需要不断完善

学生在变化，教师在变化，社会的要求也在变化，规范化操作方案需要在实践中不断完善。如教室名言的布置，可以是名人名言，也可以是学生自拟或教师自拟的一段话。特别要强调的是，即使是全国优秀班主任的经验，也必须根据本校、本班的实际情况"消化"学习。

在推出规范化操作方案的同时，还应积极倡导班主任根据本班情况开展创造性的工作，如教室布置，在学校规范化布置的基础上，各班可进行体现班级特色的个性化布置，如加入生日祝福、心愿树、评分栏、科技角、温馨用语提示等。

班主任工作规范化操作方案有一个逐步完善的过程，德育主任可从无到有、从少到多，不断丰富，这样有助于班主任熟悉工作，不断提高工作水平。

晋元中学班主任工作规范化操作方案（1）
——怎样进行家访

陈尚圣执笔

家庭是孩子的第一所学校，也是人生就读时间最长的一所学校，家庭环境、家长的品行对孩子的成长具有潜移默化的作用。家访是班主任了解学生家长、共同提高教育水平的有效途径。

家访前必须做好准备，要进行家访备课：明确家访的目的，确定谈话的方式，确定家访的时间，并事先与学生家长预约。

家访备课，要做到"两备"，即要备家长，认真阅读有关资料或事先向学生了解家长的一些情况，以便与家长进行交流时有共同话题；备学生，准备好学生的有关资料，与学生交流，收集有用的信息，加强对学生的了解，准备与家长交流时的重点话题。

家访的内容包括学生在校实际情况汇报（学生在校表现如何），学生在家实际情况询问（学生在家表现如何），了解学生家庭的结构、经济状况、环境、教育等情况，与家长协商共同教育学生的措施、方法、手段，协调学生与家长的关系，增进与学生、学生家长的感情。

家访的注意事项：

（1）家访前，要做好充分准备，明确谈话中心，选择恰当的谈话内容。

（2）家访中，应从实际出发，切忌片面孤立地看问题。

（3）家访时，要注意与家长平等协商，做到有情、有理，谈话的态度要诚恳、耐心，要使家长感到教师对学生的爱护和关怀。

（4）家访时要指导家长开展家庭教育，指导家长采取说理、引导的方法教育学生，避免用简单粗暴的方式。与家长共同分析学生的思想、学习、生活等方面的问题，制定符合实际的教育方法。

（5）家访时要注意观察家庭环境、家长心情、学生在场与否，根据具体情况采取恰当的谈话方式。

（6）家访后，教师应及时填写《家校联系情况记录表》，并向家长发放《家校联系工作反馈表》。

（7）家访中发现的问题，需学校行政或有关部门解决的，应及时上报德育处、校长办公室或有关部门。

（8）写好家访手记，总结家访工作的经验与收获，积累教育案例。

对新生进行第一次家访时，要通过对家长的了解，考虑班级家长委员会的人选，准备筹建班级家长委员会。

新接班时应进行面向全体学生的家访，正常带班时应做到普遍家访与重点家访相结合。

四、开展专项训练

作为学校班主任队伍建设，为促进班主任专业化发展，必须加强班主任专项训练。在实践中，许多德育主任认为必须抓好班主任的三项基本功：每学期读一本书，写好一篇读后感；研究一个问题，写好一个教育案例；研磨一节主题班会课，写好一个主题班会课教案。

要提升班主任的三项基本功，德育主任首先应对怎样做有清楚的认识，对班主任进行必要的指导。本节链接部分将介绍班主任怎样写好读后感、怎样写好教育案例和怎样写好主题班会课教案。

由于学校事务比较多，所以班主任的这三项基本功的作业也可以以学年为单位进行。我在上海市晋元高级中学工作时，还结合作业进行专项评比，并将获奖作业汇编成集。作业集有序言，介绍如何写好有关文章；有优秀作业（只选登三等奖以上的获奖作业，以促进教师互相学习，自我鞭策）；有作业点评，邀请专家或教师点评。这样的做法得到了许多教师的欢迎。

我们还可以以三年为周期，依次进行校班主任三项基本功大赛。坚持若干年，其成效将是显著的。

班主任怎样写好读后感

浙江省平阳县新纪元学校　于建国

浙江省长兴第一小学　卢文燕

杜甫说："读书破万卷，下笔如有神。"作为班主任，书读得多，见识广博，视野开阔，就能更好地指导自己的工作，更好地引导学生的成长。

现在许多学校都在打造书香校园，建设书香班级。会写读后感，会指导学生写读后感，应成为班主任的一项重要的专业技能。

什么是读后感？简言之，就是在读过一篇文章或一本书之后，把自己的感受、体会以及受到的教育、启迪等写下来，写成的文章就叫读后感。那么，班主任在写读后感时要注意什么呢？

一、巧妙导入——铺就写的基石

台灯下的世界温馨而宁静。写读后感所选择的书，常是学校推荐阅读书目中的书或自己喜欢的书。这类书必须认真仔细地读。

"读"是"感"的前提，"感"是"读"的结果，一般来说，要先交代"读"，再去写"感"。

首先简述所读之书（文）的有关内容。如所读书（文）的名称、作者、写作年代，以及书（文）的内容概要。写这些是为了交代感想从何而来，并为后文的议论做好铺垫。这部分的特点应是"简洁"，不能大段地叙述所读书

(文)的具体内容，而是要简述与感想有直接关系的部分。

写"读"，又可以称之为"导入"。在"导入"时，又可分为：①意引法，概括书(文)的大意；②摘引法，摘录重要的句子；③全引法，用于比较短的文章。

二、读有所思——提炼感的论点

在"导入"（介绍"读"）后应注意亮明自己的基本观点（"感点"），把自己感受最深的，用一个简洁的句子明确表述出来。这样的句子可称为"观点句"。"观点句"在文中的位置是灵活的，可以在篇首，也可以在篇末或篇中。

一篇读后感，无法把所有的感想与体会一一纳入。因此，学会选择非常重要，要选自己感触最深的话题去展开，要梳理出最恰当的感受点。

在撰写读后感时，可以夹叙夹议，如行云流水，一路写来；也可以围绕基本论点，分成若干分论点条分缕析，逐一展开。如果采取条分缕析的方法，应注意句式整齐，力求语言生动。下文可带给我们启示。

仔细阅读了丁如许老师主编的《初中主题教育36课》，我有了这样的认识：如果说《三十六计》是军事将领必不可少的枕边书，那么，《初中主题教育36课》也就是初中班主任不可或缺的案头书。这句话一点也不夸张。作为一线班主任，我很清楚，很多班主任都想上好主题教育课，但是，苦于没有一本成体系的参考用书。有时在班主任报刊上看到个案介绍，但常常是"杯水"难以解渴，难以领会其精髓。还有些班主任生搬硬套，不得要领，无功而返。

《初中主题教育36课》则让我眼前一亮。

（1）关注学生的精神成长是该书的鲜明特点。

该书从《谈如何适应初中生活》开始，到《谈奋斗》结束，36个话题既自成一课，又环环相扣，紧扣"立德树人"这一使命，让德育落到了实处。《站在新的起跑线上》，殷切寄语刚走进初中校门的孩子们迈好初中第一步；《别说不可能》，指导孩子们直面生活中的困难；《举手投足见精神》，让孩子们懂得文明礼仪不仅是传统美德，也是时代需要，优雅生活就在举手投足间；《闪光的路标》，引导孩子们用积极的心态去追寻心中的偶像；《爱的同心圆》，让孩子善解父母，感恩父母，把回报亲情付诸实践；《天生我才必有用》，鼓励每个孩子努力成为最好的自己；《男生女生》，提倡阳光健康的交往方式；《锲而不舍，金石可镂》，增强孩子们的意志力；《诚实守信伴我行》，夯实做人的基础；《最好的对手是强手》，思考竞争的真正内涵；《人生是一本书》，强化奋斗精神。每一个话题，都努力践行班主任的育人使命；这些课都在关注着学生的精神成长。

（2）聚焦学生的文化学习是该书的又一特点。

学生上学，文化学习是他们的重要任务。但是在片面追求升学率的背景下，许多学生被作业压得喘不过气来，在书山中兜圈子，在题海中随漂浮。而这本书关注学生的文化学习，但不是简单地向班主任传授"挤时间""抢进度""压任务"的"流水线管理"，而是着眼于人的发展，引导学生掌握"爱学习""会学习""勤学习"的"成功之道"。如：学习动力激发的《我今方少年，展翅凌云飞》；学习方法指导的《学习一定有高招》；读书经验交流的《我们爱阅读》；特别是围绕学习习惯，设计了《自觉·合理·有恒》，指导学生怎样在家晚自修；《一寸光阴一寸金》，告诫学生要珍惜时间；《考试，不仅是考学科》，让学生学会考试；《关键在自己》，探讨怎样提高自学能力；《乐学与巧学》，让处于学习倦怠期的学生再次对学习充满热情。

（3）该书在提升学生的综合素质方面也下足了工夫。

《珍爱生命，拒绝毒品》，加强了青少年的禁毒教育，强化珍爱生命、拒绝毒品的意识；《面对灾难》，帮助学生了解地震等灾害的成因，增强学生的防灾减灾意识，学习在遇到地震、台风、暴雨等意外灾害时基本的自救、避险方法；《珍惜时光，绿色上网》，引导学生合理利用网络资源，让网络真正地为我所用；《生命在于运动》，指导学生开展多样的体育锻炼，把体育锻炼变成自觉的行动。这一系列的话题将学生带进了一个更为广阔的天地。

（选自杨武《初中班主任的36计——读〈初中主题教育36课〉有感》）

三、认真研读——分享阅读思考

应该说,文无定法,写读后感的表达方式也是灵活多样的,但要写出有独特见解、体验真实、颇有新意的读后感,还必须注意以下两点:

认真研读。在"读"与"感"的关系中,是先有"读",再有"感"。"感"是"读"后的延伸和升华。不去"读"则不会有真正的"感"。若连原文都没有理解和把握,就不会有真实的"感"。因此,读一本书,要准确把握主要内容,真切体会作者用意。在读书中,注意读"序"和"后记"也是有效的。

独特的视角和立意。不同的人去读同样一本书,因为思考的角度不同,就会有不同的感想和体会。同样读《假如给我三天光明》,有些读者看到的是海伦·凯勒的坚强不屈;有些读者看到的是她的乐观豁达;有些读者沐浴在文字传递的美好情境中;还有些读者重新建立了对生活的态度;等等。写读后感提倡"百花齐放",不要人云亦云,这样文章才会引人入胜。个别班主任疏于思考,将写读后感视为负担,从网上抄袭他人作品,这样的做法实在要不得。

前苏联教育家苏霍姆林斯基曾经说过:"我们要无限地相信书籍的力量。"多读书,读好书,写好读后感,丰富自己的思想和人生阅历,指导自己的教育实践。这应该是一个智慧的班主任所认真实践的。

链接

班主任怎样写好教育案例

四川省广元外国语学校 王军

教育案例就是班主任在工作中有价值的教育故事。写作教育案例就是研究教育案例,对班主任的专业成长有着重要意义。

那么怎样才能写好教育案例呢?实践告诉我们,选取的案例要真实典型,过程描写要具体生动，自我体验要独到真切。

教育案例有别于教学案例，它是班主任在日常教育工作中的实践和思考，取材上具有丰富性。

教育案例也有多种写法：可以选取教育工作中出现的精彩片段来写；可以抓住新发生的典型事件来写；可以围绕一个主题就相关的事件来写；可以针对个别学生来写；还可以就某次教育活动的全过程来写。教育案例，可以是正面叙述的案例，如"难忘的瞬间"，也可以是反面叙述的案例，如"一次不成功的家访"。

一篇好的教育案例，其实就是生动的故事加上精彩的评价。

从文章结构上看，教育案例一般应包含以下基本的元素。

主题

教育案例要有主题。写案例首先要考虑用这个案例反映什么问题，是想说明怎样转变后进生，还是介绍如何组织、开展班级活动等，动笔前要有一个比较明确的想法。写作时应该从自己最有收获、最有启发的角度切入，选择并确立主题。

背景

教育案例需要向读者交代故事发生的有关情况：时间、地点、人物、事情的起因等。但背景介绍并不需要面面俱到，重要的是说明故事的发生是否有什么特别的原因或条件。

背景的介绍不应是生硬的，而应是生动的。可以从叙事开始，在叙事中交代有关背景。

过程

事件的过程是教育案例的主体，是展开叙述的部分。它既包含对班主任遇到的问题或困惑的介绍，也包含对如何解决问题的叙述。不仅要叙述问题是如何发生、发展的，更要注意具体地展现问题解决的过程：我是如何思考的，问题解决过程是否出现反复、挫折等。不要把这部分叙述得过于简单，如"经过我多次耐心的谈话，学生变了"。这里应通过对关键细节的描写，或错综复杂情境的再现，或生动形象的表述来体现教育的过程。有时人物的面部表情、心理活动等细微变化的叙述都很重要，所谓细节中见理念、细节中见智慧。

结果

结果就是教育措施的即时效果，包括学生的反应和教师的感受等。读者知道了结果，将有助于加深对整个过程的内涵的了解。

评析

撰写教育案例的过程是班主任对自己解决问题的心路历程进行分析的过程，也是梳理经验和教训的过程。我们可以从教育学、心理学、管理学等不同的理论角度切入，揭示成功的原因和科学的规律。

文无定法，但教育案例无论采取哪一种写法，在行文中一般都会体现背景、过程、结果、评析四个部分。这里特别需要说明的是，越来越多的教师不喜欢把文章机械地分为背景、过程、结果、评析四个部分，而是以生动的叙事起笔，在行文中介绍背景，叙述过程，交代结果，评析则可能是集中论述，也可能是边叙边议。

写文章要讲究方法技巧。有了好的故事，并不等于有了好的教育案例文章。

要写好教育案例，还有三点需要注意。

（1）确定合适的标题：教育案例应有合适、生动、醒目的标题。

一般来说，确定案例的标题有两种方式：一是用案例中的突出事件作为标题；二是把事件中包含的主题提炼出来作为标题。

标题要紧扣案例、角度新颖。必要时还可以加个副标题，作为正标题的补充或说明。

（2）揭示人物的心理。教育案例也常写学生，写人。

人物的行为是故事的表面现象，人物的心理则是故事发展的内在依据。因此教育案例要能深入人的内心世界，让读者"知其所以然"。由于教育案例是班主任撰写的，所以其注意力容易偏重于班主任这一方。自己是怎么想的，是怎么教育的，效果如何等，可以娓娓道来；但学生的心里是怎么想的，对教育效果的看法是否与老师一致，往往被忽略了。因此，如实反映学生在教育过程中的想法和感受，也是写好教育案例的重要一环。

（3）具有独到的思考。

同一件事，可以引发不同的思考。从一定意义上来说，教育案例的质量是由班主任思考水平的高低决定的。因为，选择复杂情境也好，揭示人物心理也好，把握各种结构要素也好，都是从一定的观察角度出发，在一定的思想的引导下进行的。要从纷繁复杂的教育现象中发现问题、提出问题、解决问题，揭示"人人心中有，个个笔下无"的真谛，就需要一双"慧眼"。而要具备这样的功力，没有什么秘诀和捷径，只有通过长期的磨炼去领悟和掌握。

教育案例是班主任实践与反思的产物。在工作实践中，班主任要力求使自己成为用心的研究者、热心的实践者、有心的创新者，这样就一定能在提供有价值案例的同时，促进自己的专业成长。

班主任怎样写好主题班会课教案

上海新纪元教育研究院　丁如许

要提高主题班会课的质量，就要加强对主题班会课教案的研究。

但是有不少班主任上主题班会课是不写教案的。上主题班会课为什么不写教案？有些老师的回答是"太忙了"，但潜台词也许是"班会课没有必要写教案"。

其实，上主题班会课不但要认真备课，而且要写好教案。写好教案是备好课的必要举措。

我们也知道班主任工作很忙，因此可写简案。但实践证明，写好简案也不简单。一般来说，写主题班会课简案时，应注意以下几点。

一、拟定响亮课题

主题班会课原本没有课题。为了开好主题班会课,班主任就要给主题班会课拟定一个响亮的课题,让学生一听到这个课题就产生好奇、向往之心。在拟定课题时,应力求表达明确、新颖生动、上口易记,如"我是小学生啦""五月最美康乃馨""爱的同心圆""四季有常,不可逾越"等。

二、思考设计背景

在写主题班会课简案时,班主任要回答一个问题"我为什么要上这节主题班会课"。有些班主任说,因为是学校布置的工作。我认为,这样的思考是不够的。班主任一定要认真思考,在"设计背景"这一环节中予以回答。

怎样交代设计背景呢?我概括为"大处着眼,小处着手"。

所谓"大处着眼",就是班主任必须加强学习,学习党和国家、教育行政主管部门的重要文件,确立"我为国家育英才"的使命感和责任感,根据有关文件思考我该怎样做、怎样做才能做得好。今天有许多班主任不清楚社会主义核心价值观,不了解中国梦的内涵,这样的局面必须改变。当然,有些文件可能已发表好长时间,赶不上迅速发展的形势。我们也可以从专家学者的精辟论述中找到方向。

所谓"小处着手",就是班主任要认真研究班情,思考学生的特点,思考怎样做才更适合学生的实际情况,更具有针对性和实效性。

"大处着眼",要看得远;"小处着手",要抓得准。

三、明确教育目标

班会课应有明确的目标,而且目标要具体、实在。教育目标怎样制订呢?在实践中,可以选用这样三种写法:

1. 知识目标、情感目标、行为目标

班会课首先要聚焦知识目标,通过班会课学生获得了哪些知识,是班主任首先要关注的。这是由学校学习的特点所决定的。其次是情感目标,即通过班会课学生有怎样的情感体验。最后是行为目标,即通过班会课学生的行为会有哪些改变、提高(其中包括能力的提高)。

这样的写法比较多地用于活动式的主题班会课。

例：

缤纷课间

【教育目标】

1. 知识目标：让学生懂得课间休息的知识、方法。

2. 情感目标：增强学生的文明举止、关心他人的情感。

3. 行为目标：改变以前的不文明休息方式，学会安全休息、文明生活。

（浙江省嘉兴市王店镇中心小学　胡周骏）

这是一节指导学生学会课间休息的主题活动。班主任精心设计了观看课间活动录像、讨论案例、尝试各种有益游戏、颁发"文明休息奖"等活动环节，紧扣教育目标推进，可以有效地达成预设的目标。

2. 知识与能力目标，过程与方法目标，情感、态度与价值观目标

有人要说，这不就是新课程课堂教学改革所倡导的三维目标吗？是的。新课程课堂教学改革的三维目标立足于课堂，着眼于以教师为主导的课堂教学模式。而主题教育课是以班主任为主导的课堂教育模式。两者有许多相通之处。因此，这种写法比较多地用于讲述式的主题班会课。

例：

四季有常，不可逾越

【教育目标】

1. 知识与能力目标：帮助学生认识了解早恋的心理、早恋的危害和"亲密有间"的人际交流方法。

2. 过程与方法目标：通过观看视频、组织话题讨论、小组合作交流等方式，引导学生学会理智地对待青春期的情感萌动，妥善处理好与异性同学的交往。

3. 情感、态度与价值观目标：引导学生认识爱，增强责任感，树立正确的爱情观和人生观。

(上海市甘泉外国语中学　夏洁)

3. 数字1、2、3

考虑到有时有些目标之间可能有交叉，而班主任在斟酌时需要费些时间，比较麻烦，列举目标时可以化繁为简，就用数字1、2、3来表示。

列数字时，一般从思想教育、能力培养等角度考虑，通常不超过三个。实践中有些班主任拟了9个目标，我认为太多了。完全可以"合并同类项"，调整为3个左右，这样目标集中、明确，便于操作，利于实现。

例：

齐心协力，为学习扫雷

【教育目标】

1. 通过交流和指导，使学生懂得当代学生应该"学会怎样学习"。

2. 指导学生从学习习惯和学习方法方面总结成功的经验，在交流中学习他人成功的经验。

3. 听取老师的学习方法指导，排查学习中遇到的问题与困惑，通过生生互动、师生互动，学习和掌握科学的学习方法。

(上海市延河中学　顾毅贞)

在制订教育目标时，关键要用好动词。同时要注意目标的适切度和可操作性，不要过大、过空。

四、课前准备充分

课前要准备的事较多，可以按照先后顺序一一列出来。

五、课的流程清楚

班会课的过程是教案的主体。对于简案，要把主要的步骤写清楚，这样便于把握。下面介绍一份简案。

梦想在这里起飞（理想教育话题）

重庆市中山外国语学校 何林

【设计背景】

习近平总书记指出："实现中华民族伟大复兴的中国梦，凝聚了几代中国人的夙愿，是每一个中华儿女的共同期盼。"全国各族人民响应习近平总书记的号召，正为实现中国梦而努力奋斗。教育部和省、市教委均发出相关文件，要求学校积极开展"中国梦，我的梦"主题教育活动，加强理想教育，鼓励学生从现在做起，从小事做起。

小学生，需要有梦，需要有一个努力的目标和方向，将个人的梦与自己的学习、生活和国家的梦想联系在一起，并付出实际行动。小学五年级是小学阶段的高年级，正是理想开始萌芽的时候。但现在不少小学五年级学生对自己学习、生活的目的有误解，学习、生活没有计划，处于被动接受的状态，而且容易被不良因素诱导，不懂得做事要坚持。本次主题教育课鼓励学生敢于有梦，发展兴趣特长，在学习、生活中积极行动，为理想而前行，为梦想而做出实际行动。

【教育目标】

1. 通过畅谈自己的梦想、交流自己的行动计划，感受梦想的斑斓，了解实现梦想的条件。

2. 通过介绍和发现身边的榜样，认识梦想与学习、生活的联系，能够在自己的学习、生活中从现在做起，从小事做起。

3. 通过介绍中国梦的背景，感知中国梦与个人梦之间的关系。

【授课年级】

小学六年级

【课前准备】

1. 收集音乐视频（肖琬露的《放飞梦想》）。

2. 录制视频，编辑小草、小鸟、舞蹈演员、模特等的梦想。

3. 指导学生排练小品《萌萌的故事》。

4. 编辑红领巾小队采访新闻视频《跑步飞人是怎样练成的？》。

5. 收集袁隆平、成龙、王亚平等人的梦想故事。

【课的过程】

一、音乐导入，揭示课题

二、畅谈斑斓的梦想

1. 生命当有梦

2. 梦想真缤纷

三、聚焦梦想，认识实现梦想的条件

1. 实现梦想有条件

2. 梦想需坚持

四、寻找身边的追梦伙伴

五、畅想未来，感知中国梦

这样的简案提纲挈领，便于班主任把握。更重要的是，如果今后再开展类似的活动，班主任就可以在原先简案的基础上修改完善。如果由学生先行设计，可以与学生商量："这里有一份简案，你们可以参考，希望做得更好。"

一份份简案，浸润着班主任的思考，也记录着班级的成长历程。

在写班会课简案的基础上，我建议每学期写一篇详案。详案与简案相比，不仅内容充实，而且注意课堂的预设。班主任要细化每个教育环节，加强预设，认真备好课。这样对上好班会课更有帮助，更容易出研究成果。

五、加强工作考核

要发挥班主任在班级管理中的主导作用，调动班主任工作的积极性、主动性、创造性，为班主任聘任、评优及发放班主任津贴等提供依据，必须加强对班主任的工作考核。许多学校制定了班主任考核标准。

实践证明，班主任的考核标准应该量化。在完成同一工作时，班主任的关注度、班主任工作的艺术、班主任投入的精力等许多因素会导致工作质量的不同。加强班主任的量化考核是必需的，也是可行的，学校应制定切实可行的量化评价标准。

实践也证明，有时班主任的工作是难以量化的。比如，班主任带教后进班，班上有几个特殊的学生，有个别胡搅蛮缠的家长，都会明显增加班主任工作的难度，而班级管理中个别项目的评分就会受到影响。考虑到工作的特殊性，在综合考评时可以采取专项加分或定性分析的方法。

实践还证明，班主任考核标准在实行一段时间后，应在认真听取意见的基础上做必要的修改，以适应实际的变化。

实践更证明，考核标准应满足绝大多数班主任发展的需要，起到推动工作的作用。考核标准及方法应及时告知全体班主任，考核中发现的问题也应及时告知他们，以便共同研究改进的办法。

考核应有月度的考核，也有学期的、学年的考核。班主任的工作应每月有一个比较及时的评价，在一学期、一学年结束时也应有综合的考评

考核应有综合的常规考核，也有临时的专项考核，如温馨教室布置、暑期社区实践活动等。专项考核常常为工作中的新任务或工作中的重难点、薄弱环节，通过专项考核，可加强对这项工作的关注与研究。

考核的结果应与班主任的物质待遇挂钩。现在许多学校实行绩效工资，采取学期综合考核发放的办法。由于综合考核的方案是学校办公会议制订的，德育主任一定要向校长建言，明确班主任的考核标准。在可能的情况下，班主任的绩效还是按月发放好，因为及时评价的效果要比延时评价的效果好。

对班主任的考核奖励，除物质奖励外，还应有精神奖励，如授予优秀班主任称号、吸收加入校班主任工作研究室、推荐参加区县优秀班主任评比；有的学校还开展星级班主任评比、开展班主任职级认定、给予班主任科研经费等，这些都是可以借鉴的做法。

晋元中学班主任考核方案

上海市晋元高级中学 丁如许

一、考核办法

1. 班级管理工作考核

班级管理工作考核为每日考核（黑板报为每月一查），每项得分为20分。

（1）个人礼仪：学生穿校服，佩戴校徽、团徽，男生不留长发，女生不烫发（以值日干部检查和学校抽查的结果为依据）。

（2）教室卫生：教室内外、地面、墙壁、走廊及卫生责任区等卫生情况（以值日干部检查和学校检查的结果为依据）。

（3）升旗仪式、广播操、眼保健操学生出勤率和纪律情况（以体育组检查和学校检查结果为依据）。

（4）早自修（晚自修）：学生出勤率和纪律情况（以值日干部检查和学校检查的结果为依据）。

（5）教室安全：师生离开教室后，门、窗、电器电源等情况（以学校抽查和文明监督岗检查结果为依据）。

（6）黑板报：黑板报主题鲜明、版面合理、图文并茂（以学校检查结果为依据）。

（7）宿舍管理：内务整洁、纪律良好（以宿舍管理老师检查结果为依据）。

2. 班主任常规工作考核

（1）及时制订学期班主任工作计划。

（2）认真上好每周一次的班会课，做到有主题、有内容、有记录。

（3）按时参加学校组织召开的班主任会议，做好记录。

（4）积极参加校、区县开展的班主任培训和比赛活动。

（5）及时上交班主任工作总结。

（6）积极撰写班主任工作论文，并在有关报刊上发表。

（以上考核由德育处、年级组共同负责。）

二、班主任津贴发放

班主任津贴发放按以下办法进行：

（1）班主任津贴由月度考核津贴、学期考核津贴两部分组成。

（2）班主任月度考核津贴：月度考核津贴可分为岗位津贴和绩效津贴两部分。绩效津贴分项目考核，考核结果分为三等，一等比例占班级数的30%，二等比例占班级数的40%，三等比例占班级数的30%。有时某个单项大家都做得好，可以改变比例。学期考核津贴考核结果分为三等，一等比例占班级数的30%，二等比例占班级数的40%，三等比例占班级数的30%。

（3）班主任如有以下情况，学校将不发放学期考核津贴：

① 不能经常深入班级、深入学生，不关心学生的学习、生活，学生、家长意见较大者；

② 因失职、渎职造成班级发生较大事故者或对班级学生中出现的违纪行为教育处理不力者；

③ 有体罚或变相体罚学生行为者；

④ 学校学期考核不合格者。

（说明：作者成书时，学校正推进绩效工资方案。由于许多小学、初中已实现绩效工资改革，建议对班主任的考核还是要尽量按月评定，可能的话要按月发放绩效工资。）

六、组建班主任工作室

怎样提高班主任工作的实效？在班主任工作中，人们越来越认识到研究的重要性。研究将使班主任感受到工作的幸福和生命的意义。

怎样让研究成为一种常态呢？越来越多的学校认识到，组建学校班主任工作室是一种好办法。就像任课老师有备课组、教研组这种研究的组织，班主任也应该有一个研究的组织。班主任可以以年级组为研究单位，也可以组建中心组，中心组的名称可为工作室。实践证明，学校层面的班主任工作室应该最具有生命力，最具有存在和发展的价值。

1. 学校要加强班主任工作室的制度建设

组建学校班主任工作室，学校应抓好班主任工作室的制度建设，全面规划，统筹协调，建立健全学校班主任工作室的相关制度。

（1）制订班主任工作室工作方案。

学校应制订班主任工作室工作方案，明确班主任工作室的成立目的、工作目标、人员组成、组织管理、保障措施、考核标准及方法等，以便班主任工作室按章办事，顺利运行。

（2）制订班主任工作室工作计划。

学校还应指导班主任工作室制订好工作计划，明确工作室研究课题、研究目标、研究阶段（应详尽到每一次活动安排，在实施中可适当调整）、预期成果等，以便班主任工作室按照计划推进，学校按照计划考核。

2. 学校要加强班主任工作室的组织建设

组建学校班主任工作室，学校还应做好工作室的组织建设，选派优秀班主任担任班主任工作室的领衔人，组织校内骨干班主任参加研究。也可以吸收年轻班主任、年轻教师参加研修。

（1）选派优秀班主任担任班主任工作室领衔人。

学校应选派优秀班主任担任班主任工作室领衔人。班主任工作室隶属德育处管理。为了便于工作室交流与推进工作，建议工作室的领衔人在校内干部职级中相当于德育处的副主任。

（2）鼓励骨干班主任参加班主任工作室研究。

学校应鼓励骨干班主任参加学校班主任工作室研修。人数以每年级2~4人，总人数8~12人为宜。这样队伍精干，又覆盖全校，便于研究和交流。

（3）吸纳年轻班主任、年轻教师参加班主任工作室研究。

学校工作需要传承。班主任工作室可吸纳年轻班主任参加研究。良好的研究氛围将使年轻班主任喜爱班主任工作，坚定志向和追求。

现在也有的学校是全体班主任参加工作室研究，如杭州市拱宸桥小学金蓓蕾班主任工作室，学校定位为"可持续、可延伸的班主任学员工作支持系统"，做了许多积极的、有益的探索。

3. 学校应给予班主任工作室必要的物资保障

现在有的学校为班主任工作室专门准备了办公地点，提供了必要的办公用品，如办公桌椅、电话、计算机、打印机等硬件。有的学校还为班主任工作室购买了班主任专业书籍，订了班主任报刊。

4. 学校要切实加强班主任工作室的日常管理

班主任工作室是学校发展的重要增长点。许多学校都举行了隆重的工作室开班仪式。但更重要的是，学校要切实加强对班主任工作室的日常管理。

德育主任要邀请校长安排时间参加班主任工作室的活动，以便了解情况，鼓舞士气，解决困难。德育处更要将班主任工作室的活动列为日常议事日程，经常关心班主任工作室的工作进展。

在月工作会议或学期结束大会上，学校还可安排班主任工作室做工作介绍或成果汇报。

"8+1"班主任工作室的实践

河南省济源市第一中学 秦望

自19世纪后期以来,指导学校运作的理论假设是建立在工业模式基础上的,该模式基于集权、标准化的科层、自上而下的管理、严格的时间意识和明确的岗位职责的行政管制。班主任是这个模式中的执行者。相对于教学交流来说,班主任之间的交流缺少内驱力,专业意识淡薄,很难形成团队,这不利于班主任专业成长和学校班主任队伍建设。为此,我们组建了"8+1"校班主任工作室,进行了积极的探索。

我们的核心理念是"启蒙专业意识、营造学术氛围",以改变班主任们重管理、轻学习的现状。

我们的经验是:

一、选好团队主持人

主持人需要有民主风格、一定的专业能力、专业成果和外界通路。

(见百度文库"有效的班主任专业发展共同体")

二、起一个响亮的名字

"8+1"工作室名称的内涵是"工作时间决定你的现在,业余时间决定你的未来"。"8"指的是工作时间,"1"指的是业余时间。团队成员要在工作时间"一心一意";在业余时间多读一点,多思一点,多写一点,多研一点。

有的工作室以本校名班主任的姓名命名,命名是形式,共同坚守的理念才是核心。

三、确定团队发展目标

我们经过多次讨论,制定了"行动纲要",明确提出了团队成员的奋斗目标:优秀成绩→研究成果→专家型班主任→学者型班主任。有了目标才有动力。

四、摸索团队研修模式

每学期组织一次经验交流（理念，我坚守了什么？常规，我坚持了什么？创新，我尝试了什么？资源，我分享了什么？失败，我反思了什么？），一次主题研讨，一次案例研讨，一次现场观摩，一次主题报告，四次读书交流。

研修定时间、定地点、定主持人，并做好充分准备。研修前一周布置任务让大家准备，逐渐形成模式，这样才能提高研修效率。

五、开展团队系列行动

经过多年的努力，我们形成了具有本校特色的群体修炼"十大行动"：

（1）扎实开展阶梯阅读活动，分为班主任工作基本论著、主题阅读（20个）、教育学心理学等三个阶梯。长期坚持研读并定期交流（见百度文库"'8+1'工作室阶梯阅读推荐书目"）。

（2）坚持多种模式日常研修。

（3）建设德育资源库。

德育资源库分为视频、音频、图片、文字、课件五大类。其中视频类分为电视精彩栏目、网络下载、影视剪辑、班级录制等；文字类分为名言、警句、寄语、标语、对联、誓词、诗词、散文、故事、书籍、技巧案例、论文、讲稿、学法、表格、班会、时事评论、网络热点等。

资料来源为网络、报刊、身边、学生、自己拍摄。

现已建成总量达1000G的德育资源库。

（4）编写工作室读本系列。

不断地阶段性地梳理实践成果，推动工作室实践。目前的成果有：《魅力班会是怎样炼成的》（班会理论）、《为学生一生发展奠基》（班会案例）、《光辉岁月》（教育叙事）、《32朵鲜花和9株绿树》（班级史册）、《生命拔节的声音》（学子回忆）。

（5）实施三年师生共读计划。

师生共读推荐书目，分为十三大类，其中必读30本，选读19本，拓展

96本，总计145本。每个学期都要与学生共读1~2本书，寒暑假都要给学生布置读书作业，并要求学生写出读书感悟，同时利用班会时间交流分享读书感悟。

（6）探索工作室亲子教育。

教育好学生是我们的使命，教育好孩子是我们的天职。可遗憾的是，许多优秀的教师却是"不合格"的父母，他们桃李满天下，却在自己的孩子那里收获无尽的遗憾甚至悔恨，他们能得到学生、家长、同事的高度赞誉，却被自己的孩子深深误解甚至怨恨。因此，我们提出要努力做一个专业化的父母。团队成员通过共同研读家庭教育著作，共同反思家庭教育行为，共同开展家庭教育实践，共同写作家庭教育随笔，以及共同开发和合作实施亲子活动课程等形式共同教育好教师的孩子。

（7）实现师生共写班级日志。

团队成员组织学生书写班级故事，教师批阅。师生通过共写实现共同生活。

（8）开发课程培养团队专家。

目前，我们有影响的课程专题讲座为杨兵的"魅力班会课"、王晓琳的"电影课程研究"、秦望的"班主任团队建设""生涯教育课"、王磊的"励志教育研究"、邬宗炯的"教育案例分析"、陈德红的"教育叙事研究"等。

（9）扩大对外学术交流。

我们与以下团队、报刊建立了学术联系——朱永新的新教育团队，郑学志的全国自主教育研究会，上海丁如许工作室，上海梅洪建的全国班主任尖峰论坛，天津的张万祥团队，《班主任之友》《班主任》《河南教育》《教育时报》等报刊，并和国内知名班主任经常交流互动。

（10）搭建工作室网站平台。我们在《班主任之友》论坛上开辟了工作室专栏。

六、个体修炼"十项功课"

经过多年的努力，我们还形成了个体修炼"十项功课"。

（1）每月读一本班主任类杂志（工作室成员研读）。

（2）每学期读一本思想随笔（写一篇读书感悟）。

（3）每学期看一部教育电影或电视剧（写一篇观后感）。

（4）每学期听一次专家讲座（写一篇感悟）。

（5）每个月上一节精品班会课（每学期写一个实录）。

（6）每星期做一次心理辅导（聊天、笔谈、集体辅导）。

（7）每学期写一篇教育随笔（生活化、日常化）。

（8）每学期做一次主题演讲（与寒暑假主题阅读链接）。

（9）每学年写一篇德育论文（对实践进行梳理，写出研究报告）。

（10）每学年搞一次文化旅行（读相关书籍，撰写文化随笔）。

以上的"十大行动"与"十项功课"看起来很多，实际上，只要把它们分散到每个学期、每个月、每个星期，都是可以完成并量化的。

"8+1"工作室实践的体会是：学习是成长的活水，实践是成长的土壤，反思是成长的动力，团队是成长的平台。

为打造优秀班主任队伍奠基
——有感于丁如许老师的讲座《打造优秀的班主任队伍》

湖北省宜昌市伍家岗区大公桥小学　曾凡琴

2012年的深秋时节，当遍山的金橘缀满枝头的时候，第四届湖北省中小学德育专家讲坛暨中小学德育"五项专题"研究与实验开题会在美丽的三峡明珠——宜昌召开。我校有课题开题，因而我有幸参加了这次专题会议。

两天半的会议中，不管是教育部基础教育司德育处处长朱东斌所做的关于中小学德育改革目标与方向的介绍，还是"五项专题"专家的引领，不管是特级教师丁如许老师的讲座《打造优秀的班主任队伍》，还是广东省中小德育研究与指导中心主任、首席德育专家李季老师的讲座《德育创新与"第二发展曲线"》,都让我这个分管德育的菜鸟如饮甘饴。细数起来,我对丁老师的讲座感慨尤深,就从班主任老师的学习培训来说一说。

学校的班主任队伍建设是提升学校德育质效的关键所在,因此班主任队伍的整体素质直接关系到一所学校的发展。但目前小学的班主任老师工作非常琐碎,很多时候要应付来自方方面面的检查,对学生的情感投入也很巨大。除了琐碎的班级管理工作,班主任老师都承担着主课教学任务,来自专业的工作压力也比较大。让任课老师进行专业学习,老师们都没有意见,但是让班主任老师加强班主任学习和培训,很多老师往往就会推三阻四,不是说作业多改不完,就是说班上事情多走不开,反正就是不愿意参加班主任学习和培训。学校也曾想了一些办法,比如主动为这些外出学习的班主任老师安排代课;在教师大会上把班主任的外出培训作为一项奖励,奖励给优秀的班主任老师;开展班主任老师读书活动,检查读书笔记,上交反思;定期召开班主任专题会议,请班级工作有特色的班主任老师讲讲自己的管理经验,提升班主任老师的职业幸福感……但是收效甚微,特别是一些年纪较大的班主任老师,既没有班主任工作的职业幸福感,更缺乏主动学习的动力。每每遇到这些情况,可真是急坏了我这个分管德育的人。

听了丁老师的讲座,我驻足在丁老师的博客里,品味着一篇篇文章,又细细地反思着学校的德育工作:我们究竟缺失了什么?

我们缺失的不仅仅是一种工作的热情、宽松愉悦的氛围,更是对班主任工作的点滴指导,还是一种滋养教师幸福的精神支撑。我想,今后学校的班主任学习和培训可以从以下两方面入手:

一、氛围营造,树立阳光心态

学校的德育工作首先要营造一种氛围,让班主任老师树立健康向上的阳光心态,避免班主任老师的"被学习""被提升"。纵观国内的许多优秀班主任,他们都充满了教育的激情,用自己的一腔热情去鼓舞和感染学生,形成了独特的风格,他们在教书育人的同时,也收获了属于自己的理论。我想这与他们的学习和研究是分不开的，按丁老师的话说就是"班主任老师要'读'领风骚"，学校不能只提供相应的书籍，布置硬性的反思，而应该走进班主任老师的心灵，了解他们的思想、需求和困惑，可采取谈心、给班主任老师写寄语、在节假日为老师们发送问候信息、到班主任老师家里走访等方式，为班主任老师的心理减压，做班主任老师的贴心人，让他们感受到班主任团体的温暖，找到归属感。

二、细微引领，提升幸福指数

一个班主任老师从新手（工）到合格的班主任教师（匠）再到优秀的班主任老师（师），其间有一个成长的过程。在这个过程中，德育处就成了班主任教师新手上路的领路人、成长的陪伴人、优秀班主任教师的见证人。不同的角色赋予德育处不同的引领方式，在组织班主任老师学习全国的优秀班主任的经验，拓宽视野的同时，还要举办学校的草根论坛，让身边的榜样说话，开展怎样上好班会课专题研讨，共同制订规范化操作方案，再给班主任老师提供学习交流的平台，开展班主任沙龙，在校园网上登载老师们的学习心得、班主任工作反思等，促进教师由原来的被动学习到主动学习。既搭建平台让优秀班主任老师脱颖而出，又帮助青年班主任老师缩短成长的时间，不致形成断层。最后，再给优秀班主任老师更大的舞台，帮助他们提升理念，形成风格，成为"师"，树立起品牌，组建学校的班主任工作室，让每个层面的班主任老师都找到自己的最近发展区，让班主任老师找到工作的成就感。在支撑精神站立的同时，提升班主任老师的幸福指数。

班主任队伍建设是一项长期的工程，只有当我们的班主任队伍乐学乐思时，才有前进的动力，才可能为打造优秀的班主任队伍奠定坚实的基础。

思考题

1. 您所在的学校有没有推进班主任工作规范化操作方案？您认为班主任工作规范化操作与班主任个性化发展矛盾吗？

2. 您在班主任队伍建设上还知晓（具有）哪些好的做法？

第三章 推进日常管理

就一所学校来说,最见功力的就是它的日常管理。人们常说,管理出效益,管理见水平。新学期的第一课、每天的一日管理、每周的升旗仪式、学校的表彰活动,方方面面,林林总总,学校的管理理念、方式和细节影响着教师和学生。作为德育主任,应切实抓好德育工作的日常管理。

一、入学教育

"良好的开端,意味着成功了一半。"德育主任一定要重视新生到校报到工作,与校办、教务处、总务处等部门配合,指导班主任认真抓好学生入学教育。

小学一年级学生由幼儿园进入小学,初中一年级学生由小学进入初中,高中一年级学生由初中进入高中,学习要求、学习内容、学习方式都发生了重大变化,特别是高中一年级学生是通过考试进入高一级学校的。学生的思想品德、学习状况、生活习惯、身心素质等各方面都存在着差异,而对每位学生来说,他们遇到的人、事、物都是新的(新人、新事、新环境等)。这时德育处加强指导,抓好学生的入学教育,让学生们意气风发地投入新的学习生活,会为今后的班级管理打下良好的基础。

1. 召开班主任会议

德育处要召开班主任会议，布置工作，统一认识。指导班主任制订工作计划，设计好"第一次见面"的班会课，开展各项班级教育活动，从校史、校情入手，介绍学校要求，加强纪律教育、尊师教育、集体荣誉教育、安全教育，指导班级临时召集人开展工作。

德育处应加强对各项工作的检查，比如教室门窗的关锁、教室清洁工具的摆放等。

2. 进行专题教育

德育主任要组织好校级的专题教育活动。如许多学校在高一新生入学前都安排军事训练。应该说，这是一个好做法。对军训要认真策划，在与军训教官共同做好军事科目训练的同时，德育处可开展观看学校专题片，开展军歌比赛、演讲比赛、黑板报比赛，观看军事题材影片等活动，以丰富多彩的活动吸引学生，让学生在活动中展示才能，提高认识，增强班集体的凝聚力。

3. 参观校史陈列馆（校园）

现在，许多学校都建有校史陈列馆或校史展览室。德育处要制订参观计划，组织新生参观。参观时应安排老师或学生进行讲解。

学校还应组织校史校情校规应知应会书面测试，通过测试让学生知道学校，热爱学校，树立为校争光的思想。测试不合格者要参加补课。

了解校园也应是入学教育的内容。班主任可带领学生参观校园，边走边讲；也可在教室里通过课件讲解。有些学校已拍摄了学校介绍专题片，班主任要应用好这一资源。

上海市晋元高级中学校史校规应知应会测试题

丁如许编制

班级_____ 学号_____ 姓名_____ 得分_____

1. 晋元中学的前身为_____。后因纪念_____而得名。（4分）

2. 谢晋元，_____年出生于贫困家庭。1925年，在广东大学肄业。同年12月，_____军校第_____期政治科毕业。（6分）

3. _____年10月26日起他率领第一营的_____余官兵，号称_____壮士，坚守苏州河北的_____仓库_____昼夜，击退日军数十次进攻，毙敌_____余名，掩护大部队后撤。谢晋元率部孤军死守，誓不投降，写下了中国抗战史上极为壮烈的一页。（10分）

4. _____年4月24日，谢晋元被日伪军收买的郝鼎诚等4人以匕首行刺杀害，终年仅_____岁。全国，特别是上海的民众得知谢晋元遇害的噩耗后，极为悲愤。前往送葬者达7万余众。（4分）

5. _____胜利后，人们将上海北火车站到_____仓库的那条路改名为晋元路，将与孤军营一墙之隔的胶州公园改名为晋元公园，并在园内修建了谢晋元的墓和碑，以纪念这位民族英雄。_____年我校为纪念谢晋元将军，改名晋元中学。（6分）

6. 跨入新世纪的晋元高级中学，在庆贺百年校庆的同时，也迎来了知识经济时代教育现代化发展的大好机遇。学校努力创设"_____"的教育环境，将"_____、_____、_____"的教育理念作为治校方略。（8分）

7. 我校百年来培养了数以万计的毕业生，桃李满天下，其中不少人已成为各条战线的骨干、国家的栋梁之材，还有一批杰出人才遍布世界，蜚声海内外。我校著名校友有_____、_____、_____、_____、_____、_____（写出6位）。（12分）

8. 我校著名校友_____，散文写作、文艺评论成绩卓著。主要作品包括：《_____》《山居笔记》《霜冷长河》《千年一叹》《行者无疆》等。（4分）

9. 蒋锡夔，我校1941届校友。1926年9月生于上海，中国_____院士。2002年与计国桢研究员等科学家完成的"有机分子簇集和自由基化学研究"获我国自然科学研究成果的最高奖_____。（4分）

10. 著名桥梁专家、中国_____院院士_____，1951年毕业于晋元中学。作为我国著名的桥梁及结构工程专家，长期从事桥梁结构理论与工程控制研究，先后承担了十多项国家攀登计划、国家自然科学基金、上海市及省部级重大科研项目以及三十多项重大工程科研项目。（4分）

11. 1998年晋元高级中学被上海市教委确定为上海市_____所现代化寄宿制高中之一。_____年落户于被定为21世纪示范居住小区的上海万里城。（2分）

12. 学校占地_____余亩，建筑面积6.3万平方米，绿化面积3万多平方米，覆盖率达40%。学校建筑气势恢宏，极具现代感；校园环境优美，景色怡人，是一所名副其实的花园学校。（2分）

13. 近年来，晋元学子活跃在全市、全国乃至国际各类竞赛舞台上，成绩骄人。2005届高三（4）班_____表现尤为出色，在第55届国际科学与工程学大奖赛上，他发明的环保型隔噪音耳塞荣获英特尔成就奖、美国科技奖、美国安吉仑科技奖、美国听力协会一等奖4个国际奖项。2005年5月，他被授予首届"_____"的光荣称号。（4分）

14. 2007年5月26日，在美国举行的第28届_____决赛中，代表我国参赛的我校代表队在长期题"_____"、风格表演和即兴题中分别获得了第一名，以三项总分第一的优异成绩荣获高中组世界冠军。（4分）

15. 赖积祎积极投身科技研究，_____次获上海市_____评比活动一等奖，成为蝉联该项评比活动的第_____人。(6分)

16. 晋元中学学生具有强烈的社会责任感，从_____年到2012年，在高三学生十八岁成人仪式之际，在"将生命融入神圣的中华骨髓库，用青春火花燃起重生希望"口号的感召下，晋元学生将志愿加入中华骨髓库作为极具意义的青春印迹和成人纪念。九年来这支队伍像滚雪球一样壮大起来，造血干细胞捐献志愿者人数已有_____人。(4分)

17. 每周星期一早晨举行升旗仪式。出旗及升旗时，应保持_____姿势，对国旗行注目礼。认真_____国旗下讲话，讲话结束要鼓掌。(4分)

18. 买饭菜时必须排队，每人_____份，不得插队或代别人买饭，用餐时必须在指定餐厅里就餐，不准将饭菜带出餐厅。在校期间不得购买外卖。(2分)

19. 学生在_____内不得使用手机。(2分)

20. 为表彰先进，树立榜样，促进优良的校风建设，奖励德智体全面发展的品学兼优的学生和_____，学校每年_____月开展评选先进个人和先进集体的活动，授予先进集体、三好学生、优秀学生干部、优秀团干部、优秀团员、礼仪之星、学习之星、科技之星、进步之星、服务之星等荣誉称号。(4分)

二、一日常规管理

日常管理中，最重要的就是一日常规管理，即对学生的一日在校生活提出明确的管理要求。德育处应制定好一日常规管理细则，组织学习，加强检查，保证落实。下面介绍某人民路小学一日常规管理（说明：根据多校一日常规管理改定）。

链 接

人民路小学一日常规管理

丁如许改编

一、上学的要求

1. 上学时，学生校服干净、整洁，戴好校徽和红领巾（队徽）；进校后不得擅自出校门，如需出校需请假。

2. 进校后，不大声喧哗，上下楼按左下右上的方式。

二、晨读的要求

1. 进教室时，学生步履轻捷，不影响他人。进教室后安静地交作业、看书或读书，不随便说话。

2. 集体朗读声音整齐、清晰，自由朗读轻声而有节奏。

三、出操的要求

1. 广播操铃声响后，应迅速排好队，做到快、静、齐。

2. 出操迟到的学生应站在本班队列的末尾，不得穿插队伍。做操时应精神饱满、动作到位。

3. 举行升旗仪式时要立正，出旗时面向国旗行注目礼，升旗时少先队员行队礼，其他师生行注目礼。升旗时不能随便说话。

四、上课的具体要求

1. 课前准备：预备铃响后，学生应保持安静，还在教室外活动的学生应马上停止活动，尽快回教室；学生应迅速准备好书本和用具，安静地等待老师；上体育课的班级应迅速安静地集队。

2. 老师发出命令"上课"，值日班长喊"起立"，老师招呼："同学们（孩子们）好！"同学们回答："老师好！"老师答："请坐！"学生即坐下。因故迟到者需喊"报告"，经老师同意后才能进教室。英语课、音乐课、体育课上按

老师的要求进行师生问候。

3. 要发言先举右手。得到许可后起立发言。发言声音要响亮，要注意礼貌。

4. 上课时要主动、积极地学习，听课专心，发言积极，遵守课堂纪律。先复习，后作业。

5. 听到下课铃响，老师宣布"下课"后，学生才可出教室活动。

五、课间的要求

1. 准备好下节课的学习用具，书本等用品放在课桌左上角，与本课无关的东西不放在桌上。

2. 课间开展有益活动，不在走廊、楼梯、教室或操场上追逐打闹、喧哗拥挤，不搞危险游戏。

3. 爱护学校公物；不乱扔果皮纸屑，主动拾捡地上的垃圾并放入垃圾桶。

4. 学生进办公室要喊"报告"，经允许后方可进入。

六、眼保健操、课间餐的要求

1. 眼保健操音乐响起，老师停止教学活动，学生要闭眼，不讲话，按节拍认真做眼保健操。

2. 做好课间餐的管理工作：要求学生在自己座位上进食，做好必要的保洁。进餐时，不高声说话。养成良好的饮食卫生习惯，吃完食物后才能离开座位。

七、中午和下午放学的要求

1. 放学铃响，迅速集队。

2. 班牌领路，两列队伍行进整齐。

3 队伍完全带出校门外黄线才解散。

4 听从指挥，在课后15分钟内排队放学完毕。

八、午餐和午休的要求

1. 中午在食堂就餐的学生安静有序地进餐。如因场地关系，在教室内进餐也应保持安静。

2. 午休时保持安静。

从这所小学的一日常规管理中,我们可以看出,要求具体、明确,可操作性强。由于小学与中学、走读学校与住宿学校、农村学校与城市学校校情不同,德育主任应结合本校情况制定出一日常规管理的要求。

一日常规管理制定后,德育主任应指导班主任落实,指导学生认真学习,认真遵守,同时做到"有检查,有评比,有奖励",积极推动工作的深入和发展。

三、教室环境

班级是学校的细胞。教室是学习的场所、生活的场所。教室布置是美化育人环境、营造班级文化的重要方法,也是实施素质教育的重要渠道。为了营造温馨的学习环境,德育处应加强对班主任工作的指导。

1."大同小异"的工作思路

从学校层面考虑,德育处应提倡"大同小异"。
(1)"大同",即学校提出教室布置的基本要求。
①国旗:教室前面黑板正上方悬挂由学校统一制作的国旗框(质量要好一点)。
②班训:提炼班级精神、反映班级奋斗目标。可选择楷书、行书等字体,等间距张贴在前黑板上方。
③格言:励志进取的格言警句,可以是名人名言,也可以是学生、老师自拟的格言;以师生书法作品为佳,布置在教室两侧的墙上。
④黑板报:定期出。做到主题鲜明、栏目丰富、布局合理、图文并茂。
⑤张贴栏(置于教室后墙黑板报右侧):张贴学校、年级的公告、通知等,

要求排列有序、及时更换。

⑥ 奖状：奖状（表彰集体的）张贴在教室后墙黑板报的上方，从中间到两边对称张贴。

⑦ 生物角：摆放仙人掌、宝石花、吊兰、文竹等喜阴耐旱的植物，安排专人养护。

⑧ 保洁工具：保洁工具（拖把、扫帚、水桶、抹布、簸箕等）整齐地摆放在教室后门处，用后及时整理。

⑨ 书报架：要求报纸、书籍整理有序；由书报管理员负责管理。

(2)"小异"，即班主任根据班级特点，设计体现班级特色的个性化布置。

① 心愿树：心愿树由心形的小卡片组成，每张卡片上写着学生的心愿，班级全体任课老师也写出自己的心愿。师生的心愿卡片相对而贴，构成"心心相印"的生动画面，寓意在师生的共同浇灌下，"心心相印"的大树将结出丰硕的果实。

② 生日祝福栏：现在的学生更关注情感交流。温馨的生日祝福，会让生活多一份亲情。班主任可将学生的生日事先输入手机的记事提醒板，届时送上祝福。

③ 温馨提示：温馨提示的范围比较广，最常用的是作业提醒、气温提示、节电提示。

④ 学习用品备用角：班级备些笔芯、橡皮、尺子等小文具，以供学生不时之需。

⑤ 书画作品：班级如有擅长书画的同学，可请他们提供书画作品。如有条件，最好装裱入框。

我所工作的晋元高级中学的班主任们有非常好的创意，比如，有两位班主任根据学生喜欢足球的特点，布置了"俱乐部队旗"墙，一个班级布置的是意甲联赛，一个班级布置的是中超联赛，相映成趣；再如，有不少班主任设计了生日祝福栏，形式多样，各具特色。

现在还有不少班级在教室外布置了"全家福"，也颇具创意。"全家福"

上有全体师生的合影、自拟的新颖的班名、精练的班训等，学校可以统一安排。

2."博采众长"的学习交流

对各班的教室布置，德育处要加强检查。检查时可安排各班做必要的介绍，将本班的特点介绍清楚。而这样的介绍过程，也是全班学生进一步思考、熟悉每一处布置的内涵，重温班级文化的成长过程。

对各班的教室布置，德育处要做点评。这样做好在哪里，不好在哪里，怎样做得更好？要在班主任例会上和老师们交流。德育主任点评时可辅以照片、录像，如果有必要，还可以组织师生到做得好的班级观摩。

四、班会课

班会课是国家规定的地方和学校课程。班主任要认真上好班会课；德育主任要认真指导、检查、督促班主任上好班会课，将班会课作为加强日常管理的有效手段，作为促进学生健康成长的重要平台。

1. 加强对班会课的指导

从实践看，班会课主要可以分为三种类型：班级例会、主题活动、主题教育课。德育主任应就开班会课对班主任进行有效的指导。

（1）怎样开好班级例会。

班级例会，就是班级日常例行的会议，主要就学校的工作进行布置，就班级存在的问题进行讨论。会议时间可长可短，由班主任、班干部主讲或主持。

要开好班级例会，班主任应注意：

① 根据工作布置，做好充分准备。班级事务繁多，班主任在传达学校工

作布置时,要仔细分析,如有些事学生容易出错,要仔细讲解;有些事则可简单提醒。班主任应写好工作笔记,以免讲解时有遗漏。特别重要的工作,最好形成书面材料,印发给每位同学,以保证学生落实时不会出错,像春秋游、收多少钱、什么时间交、家长签字等,布置时必须准确、明了;再如少儿住院医疗保险、学农活动安排等,班主任均应印发资料,落实到位。

② 开班级例会时,要坚持正面教育。不能情绪化地处理班级事务,特别是在批评学生时不要说过头的话。

③ 一定要检查班级例会安排的工作的落实情况。由于班级例会事情多,有些学生可能会不重视,班主任在会后一定要检查例会内容的落实情况。

(2) 怎样开好主题班会。

主题班会常根据学校工作布置和班级具体情况来开展。为了便于操作,我们将其分为以学生活动为主的主题活动和以班主任讲述为主的主题教育课。

主题活动系围绕某一主题,通过形式多样、丰富多彩的活动来表现,让学生在活动中体验、感悟、提升。主题活动的主持人通常是学生,或者由教师和学生共同主持。

要搞好主题活动,班主任应充分调动学生的积极性。但由于学生还缺少经验,班主任必须加强指导,和学生一起商量,努力提高活动的质量。那种单纯"放手让学生去做""在活动结束后再指导"的想法是不利于提高主题活动质量的。

实践中,人们发现主题活动存在准备时间较长和有时"过分准备"的弊病,质疑有些主题活动的"假、大、空"。在这样的背景下,主题教育课应运而生。

主题教育课是由班主任根据学校工作布置和班级情况对学生开展的专题教育,表现为"三主",即班主任主持、主讲、主导。

要上好主题教育课,德育主任应指导班主任做到:

① 主题鲜明,材料充实。主题教育课的选题要恰当,要及时和有针对性。选题确定后,要围绕主题进行材料筛选,做到材料充实。材料应具有"新鲜、

生动、丰富、典型"的特点。

②立足教育，形式多样。主题教育课不仅要主题鲜明，而且要形式多样，以增强教育的针对性和实效性。

要开展"师生对话"。班主任事先要设计话题。设计话题时力求做到"小""实""多"，让学生有话可说，让师生有充分交流的机会。同时班主任要关注课堂生成的话题，给予积极的指导。

要进行"小组讨论"。如果说师生对话侧重于师生交流，那么小组讨论就侧重于生生交流。这时，学生可以互相启迪、互相帮助。小组可以是同桌一组，也可以是四人一组。在四人小组讨论时要明确谁是小组长，要指导组长和同学紧扣话题进行讨论，注意讨论的实效性。

要用好"情境思辨"。班主任可用文字题、图片、图文结合题、录像等巧设情境，引发学生思考、辨析。对高中生，还可编制正方、反方题来调动学生参与的积极性。

要组织"课堂活动"。主题教育课也希望课堂充满活力，因此开展"课堂活动"很有必要。这种"课堂活动"的特点是不需要学生事先做准备，而是班主任有备而来。通过生动活泼、易于操作的活动（如"读书测试题"、拼图游戏、10秒拍手等活动）让学生体验、感悟，提升认识。

③"三主"为主，互动交流。主题教育课上，班主任要担当起"三主"的重任，即做好主持、主讲、主导工作。

作为主持者，班主任要眼观六路，耳听八方，关注学生的细小反应。班主任应穿针引线，承上启下；调节气氛，把课堂推向高潮；把握节奏，总结全课。

作为主讲者，班主任要精心设计，广泛选材，合理取舍，科学构架全课；还要由浅入深，由表及里，由现象到实质，旁征博引，娓娓道来，使学生入情入境、入耳入心。

所为主导者，班主任要加强学习，研究班情，直面学生的学习和生活，关注学生的困惑，走近学生，抓住学生中存在的主要问题或是思而不解的问题,如网瘾、学习缺乏动力、心理障碍等,导以方法,晓以道理,真正解决学生的实际问题,使学生有触动、有感悟、有进步,进而内化为自己的实际行动。

主题教育课展现班主任"台前"的风采,主题活动彰显班主任"背后"的智慧。德育主任应指导班主任根据需要选择不同的课型。

这两种班会课还可以巧妙结合。比如25分钟的班级例会结束后,可安排20分钟的主题教育课;35分钟的主题活动结束后,可召开10分钟的班级例会。总之,应充分利用好班会课的时间,使内容丰富充实、教育富有实效。

2. 开展班会课的评比

现在,许多学校将上好班会课作为班主任育德能力考评的重要内容。作为德育主任应积极组织开展班会课评比活动。

(1) 组织班主任听课。

在学校开展校内班会课研讨(评优)活动时,德育主任要组织班主任听课,做好考勤记录。听课时应为每位听课老师发放班会课简案。

(2) 编制班会课评价表。

听(评)课时,德育主任还应设计好班会课评价表,以统一认识,客观评价。

(3) 表彰奖励。

每次评课,德育主任应提请校领导对相关教师予以奖励。由于各校参赛人数不一,建议对年级推选出的开课教师均给予奖励,以鼓励教师们加强研究。

班会课评价表

上课教师			班级	
地点			时间	月　日第　节课
班会课主题				
评价项目	参照标准		评分	备注
教育目标内容（20分）	1. 贴近时代要求，目标合理。（5分） 2. 符合班级情况，针对性强。（5分） 3. 内容丰富充实，切合主题。（5分） 4. 把握关键问题，重点突出。（5分）			
教育实施（40分）	1. 形式多样易行，特点鲜明。（10分） 2. 结构设计合理，推进自然。（10分） 3. 学生积极参加，主体突出。（10分） 4. 巧用信息技术，辅助有效。（10分）			
教育效果（20分）	1. 学生活动充分，多方展现才干。（10分） 2. 师生互动交流，情感体验强烈。（10分）			
教师指导（10分）	1. 发挥主导作用，指导及时巧妙。（5分） 2. 语言表达准确，教态自然大方。（5分）			
教案（10分）	1. 目标明确，准备到位。（5分） 2. 过程合理，预设充分。（5分）			
等第：优秀（　　） 良好（　　） 一般（　　）			总分：	
综合评定				

听课老师签名＿＿＿＿＿＿＿＿

3. 建设班会课的资源库

（1）加强班会课的集体研课。

德育主任要指导班主任上好班会课，要加强班会课的集体研课。这种集体研课，首先在开研讨课前，主持召开备课会议，众人拾柴，形成比较好的教案，其次在开过公开课后，组织研讨，集思广益，修改、完善原有的教案。

（2）建设班会课的资源库。

对集中了上课老师智慧和听课老师智慧的班会课研讨课，德育处应将这节课的简案、详案、课件打包，形成一个班会课资料包。有条件的学校，德育处还应组织做好拍摄工作。拍摄时最好多机位，注意拍特写镜头。拍摄后作必要的剪辑。一般说，片子观看时长为15分钟左右。发给班主任或挂在校园网上供老师们参考。使资料包的内容更为丰富、充实。

4. 打造校本的班会课基本课

长期以来，班会课存在"东一榔头、西一棒子"随意性和碎片化的弊端，许多年轻班主任对怎样上好班会课一时也摸不着头绪，其实工作是有规律可循的。我们应坚持教育为主、教育为先的原则，在实践中探索体现教育规律、具有校本特色（班本特色）的班会课基本课。

所谓基本课，可以这样考虑：每学期一般有20周，每周有1节班会课。我们可以将6节课定为"基本课"，开展积极、主动的教育，其余的课为"机动"课，开展选择、随机的教育。这样"基本课"与"机动课"相结合，就可以形成积极、主动、有序、有效的教育格局，班主任可以把握教育的主动权，推进班会课的序列化、课程化。

德育主任应加强研究，形成具有本校特色的校本教材。

链 接

小学班会课基本课参考目录

刘咏 等

一、小学一年级（上）

1. 我是小学生啦（入学教育）

2. 祖国，我爱您（国庆活动）

3. 做时间的小主人（惜时教育）

4. 文明礼仪伴我行（文明礼仪教育）

5. 我们都是好朋友（同学相处教育）

6. 苗苗长高了（儿童团教育暨迎新年活动）

二、小学一年级（下）

1. 寻找春天（热爱自然教育）

2. 学习雷锋好榜样（榜样教育）

3. 妈妈，我爱您（感恩教育）

4. 珍爱生命，平安出行（交通安全教育）

5. 我是绿色小卫士（环境保护教育）

6. 我学我秀（展示交流）

三、小学二年级（上）

1. 新学期的召唤（新学期教育）

2. 老师，您好（尊师教育）

3. 月是故乡明（民族文化教育）

4. 缤纷课间（课间行为规范教育）

5. 学会微笑（文明礼仪教育）

6. 大家一起手拉手（团结友爱教育）

四、小学二年级（下）

1. 我和妈妈做元宵（民族文化教育）

2. 书香屋（阅读兴趣培养）

3. 民以食为天（节粮教育）

4. 学会欣赏（品德教育）

5. 舞动的红领巾（少先队仪式教育）

6. 我们的节日（六一节庆祝活动）

五、小学三年级（上）

1. 三年级的天空更明亮（新学期教育）

2. 各族人民同欢庆（庆祝国庆）

3. 我和"ABC"交朋友（英语学习）

4. 夸夸我们的小巧手（劳动教育）

5. 做文明的小公民（文明礼仪教育）

6. 书香迎新年（迎新年）

六、小学三年级（下）

1. 我是当代小雷锋（学雷锋教育）

2. 从小学理财（理财教育）

3. 美好明天在召唤（理想教育）

4. 我是学习小主人（学习经验交流会）

5. 小小雏鹰学自护（自我保护教育）

6. 我的成长，感谢有你（10岁集体生日庆典）

七、小学四年级（上）

1. 良好的开端是成功的一半（新学期教育）

2. 亲爱的老师，我爱您（庆祝教师节）

3. 我自信，我能行（自信教育）

4. 低碳生活，绿色未来（环保教育）

5. 今日家乡在发展（热爱家乡教育）

6. 我感恩，我快乐（感恩教育）

八、小学四年级（下）

1. 我与小树同成长（植树活动）

2. 追寻先烈的足迹（革命传统教育）

3. 团结合作力量大（团队合作教育）

4. 好习惯晾晒会（行为习惯养成教育）

5. 生命的河（安全教育）

6. 同一片蓝天（爱心教育）

九、小学五年级（上）

1. 长大后我也成了你（庆祝教师节）

2. 拥抱亲情（亲情沟通）

3. 天涯共此时（中秋节活动）

4. 诚信伴我行（诚信教育）

5. 信任无价（信任教育）

6. 小小智慧树（复习指导）

十、小学五年级（下）

1. 文明上网，我能行（网络文明教育）

2. 新能源与未来生活（科技教育）

3. 团结互助话学习（学习经验交流）

4. 万水千山"粽"是情（端午节活动）

5. 生命在于运动（趣味体育活动）

6. 争先创优齐给力（班级明星表彰会）

十一、小学六年级（上）

1. 我心中的"明星"（价值观教育）

2. "快乐"拍卖会（快乐教育）

3. 法在身边（法制教育）

4. 重阳花开每一天（孝亲敬老教育）

5. 笑对挫折（挫折教育）

6. 读书更快乐（读书交流）

十二、小学六年级（下）

1. 定目标，树信心：我能行！（理想教育）

2. 难忘昨天，珍惜今天（成长历程回顾）

3. 自信者强，自强者胜（心理指导）

4. 走向美好的明天（师生赠言）

5. 来自母校的叮嘱（考前动员）

6. 丰硕收获告别母校（毕业典礼）

链接

初中班会课基本课参考目录

李燕　等

一、初中一年级（上）

1. 我爱我的新集体（新生入学教育）

2. 致敬，敬爱的老师（尊师教育）

3. 定"规矩"，成"方圆"（班集体建设）

4. 学习一定有高招（学习方法指导）

5. 我是家长小助手（家务劳动比赛）

6. 共同走进新一年（迎新年活动）

二、初中一年级（下）

1. 精彩的寒假生活（新闻发布会）

2. 心中有他人（学雷锋活动交流）

3. 别说不可能（励志教育）

4. 我爱您，妈妈（感恩活动）

5. 我的理想（一分钟演讲比赛）

6. 珍爱生命，拒绝毒品（禁毒教育）

三、初中二年级（上）

1. 青春，人生最宝贵的年华（青春期教育）

2. 我心中的英雄（榜样人物交流）

3. 伟大的时代召唤青年（家长与学生谈心）

4. 怎样才能成为光荣的共青团员（辩论）

5. 爸爸妈妈，我想对你们说（与家长交心活动）

6. 14岁，青春的起航（14岁集体生日庆典）

四、初中二年级（下）

1. 男孩、女孩（青春期教育）

2. 团旗在我心中飘扬（团的教育）

3. "一诺"重"千金"（诚信教育）

4. 做一条快乐的网鱼（网络文明教育）

5. 面对灾难（防灾教育）

6. 扬起理想的风帆（励志教育）

五、初中三年级（上）

1. 初三总动员（学习动员会）

2. 我最喜爱的一句格言（格言交流）

3. 学习36.7℃（学习会诊会）

4. 自信，让我们的步伐更坚定（演讲比赛）

5. 读书使我添智慧（读书交流）

6. 高歌新生活（看画赛歌迎新年）

六、初中三年级（下）

1. 我为母校添春色（建校劳动）

2. 温故知新话复习（学习经验交流）

3. 奋发努力硕果多（成长之路回顾）

4. 在我成长的路上（誓师活动）

5. 同窗情深共勉励（临别赠言）

6. 二十年后再相会（联欢）

链 接

高中班会课基本课参考目录

王华 等

一、高中一年级（上）

1. 走进新学校，扬起新征帆（新生入学教育）

2. 高中生活应这样起航（高中学习生活指导）

3. 我的青春我做主（自主管理教育）

4. 他与时间（习惯养成教育）

5. 自信与成功（心理辅导）

6. 共同扬起理想的风帆（联欢）

二、高中一年级（下）

1. 感动我的人和事（真情故事诉说）

2. 清明的缅怀（民族传统教育）

3. 四季有常，不可逾越（青春期教育）

4. 五四精神，薪火相传（小组对抗赛）

5. E网情深（网络学习交流）

6. 怎样使你更聪明（学习方法指导）

三、高中二年级（上）

1. 不要平庸地生活（目标教育）

2. 致敬，亲爱的老师（尊师演讲）

3. 重任在肩（辩论）

4. 做学习的主人（学习经验交流）

5. 心系红丝带，预防艾滋病（预防艾滋病教育）

6. 让生命与时间赛跑（惜时教育）

四、高中二年级（下）

1. 书香启迪人生（读书交流）

2. 我们与雷锋同行（志愿者活动汇报）

3. 聚焦热点（热点话题大家谈）

4. 人生·理想·行动（电子编排展示）

5. 要学会感恩（感恩教育）

6. 勤奋引领成功（学期总结交流）

五、高中三年级（上）

1. 激发青春潜能，绽放青春光彩（高三动员会）

2. 扬起自信的风帆（自信教育）

3. 我与我的目标（学情诊断）

4. 我的人生格言（自拟格言交流）

5. 失败是成功之母（挫折教育）

6. 青春礼赞（师生联欢）

六、高中三年级（下）

1. 我的大学，我的梦（理想教育）

2. 追梦之路（与本校优秀毕业生交流）

3. 青春为祖国争辉（18岁成人仪式）

4. 高考倒计时（冲刺动员）

5. 灿烂在6月（考前指导）

6. 走向美好的明天（高三毕业庆典）

（说明：以上目录为上海市普陀区丁如许德育特级教师工作室丁如许、王笠春、王华、李燕、夏洁、顾毅贞、刘咏、侯红梅，上海市曹杨小学孙超静、高君、庄薇、金培芳，浙江省桐乡市中山路小学许丹红，北京市垂杨柳中心小学郑丹娜、宋子男、宋为、于松建等共同设计。)

五、升旗仪式

走进校园,每周一举行的升旗仪式感动着师生。庄重的出旗,庄严的升旗,雄壮的国歌,精彩的国旗下讲话,成为重要的"每周第一课"。德育主任应认真设计、积极实施,搞好升旗仪式活动。

1. 抓好升旗仪式的全过程

升旗仪式是每周一的全校性活动,是重要的仪式教育,它的每一个过程都必须认真设计、认真落实。

(1) 集队快、静、齐。

德育处要和体育组合作,设计好各年级、各班的出操路线。要求集队迅速,行走时不说话,迅速到达指定地点,体育委员迅速整好队。各班同学以饱满的精神状态参加活动。

(2) 国旗班精神焕发,动作规范。

应由体育老师专人负责国旗班的训练。升旗手、护旗手应精神饱满、动作规范。训练国旗班应借助当地资源,如邀请天安门广场国旗班、人民广场国旗班的武警战士做示范,都是很好的做法。

(3) 指导好班级升旗手升旗。

每周的升旗,除国旗班负责周一升旗外,周二到周五可由各班推荐的优秀学生担任升旗手,他们没经过专门的训练,德育处一定要对他们做好指导。可安排国旗班班长对他们进行专项的训练,还可总结"升旗手须知"。

升旗手须知

上海市晋元高级中学　丁如许

1. 升旗时呈立正姿态。副升旗手将国旗下端提升至胸前，国歌奏响后，右臂上扬，将国旗呈 45°角高高送出。

2. 主升旗手掌握好升旗的节奏：可先稍快，与音乐合拍。

3. 旗升到顶端后，将绳子拉紧，扎结实。

4. 周一到周五每天 16:40 将国旗降下后送到门卫室。

（4）选好主持人。

在小学，升旗仪式的主持人通常由老师担任；在中学则由学生担任。德育处应做好主持人的选拔、培训工作。

选拔主持人宜在新学期开学两周后进行。这时学生对新学校有了进一步的了解，也乐意参加学校的活动。德育处可组织面向起始年级的主持人选拔活动，采取先面试再笔试的方式确定候选人，通过让候选人观摩、登台主持来确定主持人。

德育处要指导主持人写好主持词，为了工作便利，可印制专用主持稿。如逢阴雨天则在室内进行，也可印制专用的室内主持稿。

升旗仪式主持稿（样稿）

上海市晋元高级中学　丁如许

××××中学××学年××学期第×周升旗仪式现在开始。

首先介绍升旗手：

_____

_____

_____

_____

_____

出旗。

升国旗，奏国歌，行注目礼。

礼毕。

老师们、同学们：

_____

_____

_____

_____

_____

宣布上周获周流动红旗的班级：

_____

_____

_____

_____

_____

请获得流动红旗的班级上台领取流动红旗。

升旗仪式到此结束，请老师、国旗班先退场。

2. 做好国旗下讲话

《国旗法》具体、明确地规定了升旗仪式的基本程序。许多学校积极贯彻落实，同时也有所创造，比如有些学校安排了表演节目，有些学校规定每次必须有3个人讲话，有些学校在升旗仪式上宣读评比表彰。实践证明，不同做法中，国旗下讲话是最重要的。

德育处要根据工作计划，精心选择讲题，由学校领导、部门负责人讲话，中学和小学高年级还可多邀请学生担任主讲。

在实践中，有三种选题特别适合学生：

（1）重大节日、纪念日。

如教师节时，学生可做《献给老师的歌》《最熟悉的引路人》等讲话；国庆节前，学生可写《共和国颂》《五星红旗迎风飘扬》等文章；五四青年节时，学生可谈"薪火相传永向前""五四运动的思考"等话题。

（2）介绍学校、班级活动。

如"重走长征路"红色之旅考察汇报、"用青春点燃生命的希望"志愿加入中华骨髓库、"我的集体"等。

（3）介绍学生中的榜样、先进人物。

如《向×××同学学习》《我们为拥有×××而骄傲》等。

德育处事先应对国旗下讲话稿加以指导，要求做到：

（1）主题突出，针对性强，注意与听众交流。

（2）有鼓动性。语言准确、生动、精练。

（3）篇幅适当，800字左右。

师生成稿后将电子稿发至德育处邮箱，德育处润色定稿后发给演讲者，演讲者熟悉文稿，加强练习。这样充分准备，受益的是全校师生。

做国旗下讲话的学生，由年级组、班主任推荐。推荐时，要注意学生的口头表达能力，让那些善演讲、口才好的学生多登台，这样可以对其他学生起示范、激励作用。同时，如果部分优秀学生的演说能力相对差些，应鼓励他们加强练习，以提高表达能力，增强演讲效果。在实践中，也有学生问是否可以脱稿讲。对这些有表达才能的学生，应热情鼓励，积极认同，让他们一展才华。

德育处还应发挥社会力量的作用。邀请劳动模范、先进人物、专家学者等到校做国旗下讲话。他们的光环效应和现身说法可以让学生产生心灵的震撼，有利于学生寻找生活中的"重要他人"。

先进人物来校做国旗下讲话，德育处应安排学生代表敬献鲜花、致欢迎辞、请他们给青年志愿者团队授旗等活动，校园内还应有宣传横幅，插上彩旗，以营造热烈的气氛。现在，不少学校条件改善了，使用电子显示屏、制作大型背景板也是营造氛围、突出主题的好方法。如有可能还应邀请电视台、报社记者摄像摄影报道。隆重的形式会增强师生的神圣感，产生良好的效果。

每次升旗仪式结束后，德育处应该迅速将国旗下讲话发到校园网上，校刊校报也应选发国旗下讲话。

还可将每学期的国旗下讲话收集好，汇编成册，以便存档、借鉴。

上海市晋元高级中学2010学年第一学期国旗下讲话目录

上海市晋元高级中学　丁如许

1. 爱国大旗高举起
2. 敬礼，我亲爱的老师
3. 我在世博园
4. 走进社区

5. 我爱我的家乡

6. 梦

7. 歌唱海宝精神

8. 绿舟扬帆

9. 晋元精神永弘扬

10. 诚信考试

11. 梦想——城市之光

12. 建设美好新西藏

13. 法在我心中

14. 快乐的学农时光

15. 阅读的梦想，文学的翅膀

16. 心与心的贴近

17. 飞越国界的学习

18. 我们从这里起步

链 接

上海市晋元高级中学2010学年第二学期国旗下讲话目录

上海市晋元高级中学　丁如许

1. 传承世博精神，今日再出发

2. 我们的成长之路

3. 在雷锋的旗帜下前进

4. 让爱永恒

5. 扬世博精神，树文明新风

6. 心怀他人

7. 安全在我们心中

8. 清明时节缅忠烈

9. 党的旗帜永远指引我们前进

10. 传递

11. 放飞青春的理想

12. 聚人道力量，谱博爱乐章

13. 金色小船永远向前

14. 在党旗下成长

15. 奋斗改变命运

16. 追根寻源，展望未来

17. 严谨求学，诚信为人

（因节假日和高三模拟考试等缘故，每学期国旗下讲话为18次左右。）

六、表彰活动

学生是需要激励，需要给予积极评价的。德育主任应精心设计、组织学校的表彰活动，通过表彰奖励、事迹报告、座谈交流等活动，充分发挥优秀学生榜样示范、引领的作用。

1. 表彰校级优秀学生

学校应形成优秀学生的评选、表彰机制。制定优秀学生奖励制度，在新生入学时就向学生介绍，鼓励学生争当先进。

学校应每学期评选表彰奖励优秀学生，定期的奖励、规范的工作，可以更好地起到激励作用。有些学校一学年只表彰一次，不能满足学生的心理需求。

各项荣誉称号的产生应有其特点，应能鼓励学生的个性发展，如设礼仪之星、学习之星、科技之星、进步之星、服务之星等荣誉称号。

优秀学生奖励制度应有明确的标准,如三好学生,"德"的综合考评标准应为"优","智"的综合考评标准应为学科总评成绩良好以上;对这一指标,可用具体的分数量化,如小学在90分以上,初中在80分以上,高中在75分以上。但设定的分数是各科的平均分,还是每门学科均不能低于设定的分数,是有争议的。许多老师认为应每门均不能低于设定的分数,这个主张得到大多数教师的认同。但近年来一些学校考试过难,分数大起大落,分数线需根据学校的具体情况来分析。

优秀学生干部、优秀团干部、优秀团员、礼仪之星、科技之星、进步之星、服务之星等荣誉称号,可采取名额分配的办法,这样淡化分数的权重,给普通班以同样的机会。有些可采取达标法,即不采取名额分配的方法,只要符合标准就可以评上,如不少学校对三好学生、学习之星的评定,这样可以鼓励更多的学生力争上游。

各项荣誉称号表彰的面要广,各类表彰不要少于学生数的三分之一,可增设"校园百佳"等。

优秀学生表彰名单可制成精美的荣誉册,以做纪念。

上海市晋元高级中学学生评优方法(2012年)

上海市晋元高级中学 丁如许

为表彰先进,树立榜样,促进优良校风建设,鼓励学生德智体全面发展、形成个性特长,创建优秀的班集体,学校每学期进行评选先进个人和先进集体的活动。

一、评选项目

积极开展各项创建活动,对表现突出的集体和个人授予先进集体、三好学生、优秀学生干部、优秀团干部、优秀团员、礼仪之星、学习之星、科技之星、进步之星、服务之星等荣誉称号。

二、评选标准及名额

1．文明班级

（1）全班积极进取，勤奋好学，团结合作，在文明班级各项测评中成绩优秀。

（2）名额每年级为三分之一（或以上）。

2．三好学生

（1）思想上积极要求向上，尊敬师长，关心集体，工作认真，在学校和班级活动中表现突出。

（2）学习刻苦努力，成绩优良，有创造精神。

（3）积极参加体锻活动，体育成绩优良，有良好的生活习惯。

（4）不受名额限制。（备注：也可采取名额分配法，如每班5名）

3．优秀学生干部

（1）思想上积极要求向上，以身作则，工作积极努力。

（2）在同学中有威望，学习成绩良好。

（3）名额每班2名。

4．优秀团员

（1）思想上积极要求向上，在学校和班级团组织活动中表现突出。

（2）学习努力，成绩优良。

（3）名额每班2名。

5．优秀团干部

（1）思想上积极要求向上，团组织工作以身作则，工作认真负责。

（2）在同学中有威望，学习成绩良好。

（3）名额每班1名。

6．礼仪之星

在学校日常生活中，讲文明、讲礼仪，表现出色，各班可推荐1名，年级综合考评。

7. 学习之星

（1）年级综合考评前30名。

（2）区（县）级以上各类学科竞赛等级奖获得者。

8. 科技之星

在科技创新竞赛活动中获得区（县）级以上优异成绩。

9. 进步之星

在文化学习中取得显著进步，按各班学生人数比例，约为5%。

10. 服务之星

在志愿者服务活动中，表现突出的个人，每班推荐1名，学校综合考评产生。

11. 孝敬之星

在日常生活中，孝顺父母、尊敬长辈，表现出色，各班可推荐1名，年级综合考评。

三、先进集体评选办法

先进集体由班级申报，年级组、德育处、团委根据事迹材料和考评资料产生建议名单，校长办公会议审批。

四、先进个人评选办法

先进个人由班级民主推选，班主任综合申报，年级组审核，德育处、团委根据事迹材料和考评资料产生建议名单，校长办公会议审批。

五、表彰奖励形式

对评出的先进集体、个人，学校将予以多种形式的表彰奖励。

2. 推荐上报先进

德育处应加强对优秀学生、先进集体的培养，积极做好各级各类优秀学生、先进集体的推荐、上报工作。

由于有时被推荐的学生还将参加上一级的评审、选拔,所以学校要认真对照评选标准,考虑推荐对象的特点,坚持"公平、公正、公开"的原则,不拔高、不粉饰,努力写出推荐者的亮点、特点,认真做好推荐上报工作。

以下为上海市2011年"金爱心十佳学生"获得者次仁央宗申报材料。

最甜蜜的幸福

上海市晋元高级中学　次仁央宗

2005年夏天,我参加了妈妈单位组织的夏令营活动,与拉萨市特殊教育学校的朋友一起度过十天的时光。我用蹩脚的手语跟他们聊天,一起去林卡(藏族的野餐)、参观博物馆、吃饭。他们教我画画、跳舞,我们享受着友谊带来的快乐。

夏令营最后的聚餐上,我们都哭了,我"告诉"他们,一定会去看他们。后来我也履行了我的诺言,有空时就去陪陪他们,聊聊天,他们的内心多么渴望我们这些健全人给予他们的不是同情,而是以心换心,走进他们的世界。我感受着他们的信任,他们也同样享受着我的陪伴。

后来,我到了他乡求学,但我常给他们写信,告诉他们我的近况,偶尔我还会收到回信呢。是他们用爱的"语言"教会了我去爱这个世界,热爱生命。

2009年,我初中毕业回到了家乡。又是一个偶然的机会,我结识了另一群可爱的孩子,他们来自福利院,最大的16岁,而最小的才4岁,我成了福利院的"常客"。

暑假短短的两个月,我总是在周末去福利院,帮小妹妹梳头,带去一包可爱的发夹为她们别上;帮她们洗几件衣服,别看他们小,洗衣洗碗样样都是自己干呢!和他们聊聊天,他们对于未来总是那么的憧憬。"姐姐,长大我要当老师!""姐姐,我要做医生!""姐姐,我想当个画家!"一个个稚嫩的声音环绕着我,那种幸福,我一时找不出恰当的文字来表达。碰上小不点儿们在睡午觉,我就会悄悄走进去,将他们衣柜中乱了的衣服叠好,将某个调皮鬼忘记的扫把收好……

再后来,我开始辅导他们的功课,和他们聊聊外面的世界,小家伙们总是眨巴着眼睛饶有兴趣地听着,他们中有几个还称呼我"老师",第一次听到如此稚嫩的童声发出的呼唤,除了感动,我更是坚定了要继续陪伴他们的想法。

渐渐地,小鬼们跟我熟悉起来,每次我去都会有几个小丫头抱着我。有一天我告诉他们,姐姐要到很远的地方去上学了,可能大半年不能来看他们,几个小鬼眨巴着眼睛问:"大半年是多久呢?"我说,那个时候你们可能又长高了一点儿哦!

2010年,我回家过年,这一次,不再是我一个人去看小鬼们了。我与几个班干部一起号召我们西藏班三十多名同学在大年三十去福利院陪小家伙们过年。

我们几个班干部还购买了手套、作业本,其他同学也准备了不少零食和玩具。看到我们这些哥哥姐姐,小鬼们显然很开心,我们一起唱歌、讲故事、包饺子,玩得不亦乐乎。我很开心,因为可以为他们做那么多。

回到学校,我们西藏班开展了一系列援助西藏困难儿童的活动:我们制作手抄报,联系在沪几所招收西藏学生的学校,呼吁大家将自己不用的衣物捐给家乡有需要的孩子。我们的号召得到了共康中学、上海市行政管理学校师生的响应,经过一个月辛苦的奔走、宣传、统计,我们运回了十几大麻袋的旧衣物,我建议大家捐出自己的零花钱,将这些心意寄回家乡。整个过程大家累并快乐着。

2010年,玉树突发大地震。我们经过商量,决定向学校领导提出征集捐款的要求,西藏班的同学率先捐出4400元人民币(我个人拿出了300元的生活费),接着制作海报,积极宣传。我们的意见得到了学校的重视,于是全校的募捐开始了。人多力量大，最后共计募集了18万多元的现金，这些钱被送往红十字会用于灾区救援与重建。我们在这千里之外尽心尽力为家乡做着一切力所能及的事，当看到老师和同学都愿意伸出援助之手时，我们的内心除了感动还是满满的感动。

2010年6月，我们参观上海世博会，做参观世博汇报演讲，开展了"精彩世博感动我，我为家乡谋发展"的献计活动，以书信方式向西藏政府有关部门提出了自己对家乡建设的建议。不少同学收到了有关部门与领导的回信，而我，也收到了西藏自治区教育厅厅长的回信，对于我所提出的一些有关西藏教育的建议，他热情地给予了肯定与鼓励。即使在千里之外，即使不能日夜守候故土的日月星辰，我也以自己的方式爱着她、念着她。

一路的成长，从接受爱到学会爱，再从付出爱到收获爱，虽然忙碌、辛苦，但是我一直都在享受这个过程。更让我开心的是，我发现我的行为可以带动更多的人一起为爱付出。

在我看来，爱，不一定要轰轰烈烈，感天动地。经常向远方的父母报个平安，对每一位老师心怀感激，坚定地为身边的朋友提供一份依靠，这就是爱；留意生活角落中那些需要我们的人，付出一份真诚的友情而非怜悯，这就是爱；努力地拼搏，即使疲惫也不轻易放弃，时刻想着那个叫作家乡的地方需要我，这又何尝不是一种爱？

这篇上报材料，我们认真对照评选标准，将学生成长过程中的留有深刻印象的事一一写来，突出"爱心"，突出"成长体验"。结果这位学生在众多的参评者中脱颖而出，成为上海市"十佳金爱心学生"的第一名。这既与她的突出事迹有关，也与德育处、班主任认真梳理她的材料有关。次仁央宗同学荣获上海市"十佳金爱心学生"称号后，又推动了学校争创先进活动的开展，形成了良好的循环。

3. 召开表彰大会

对优秀学生、先进集体，学校要加强宣传。措施之一是召开隆重的表彰大会。

表彰大会首先要注意会场的布置。要有醒目的会标，要有调试正常的音响，要安排好进场的顺序，做好表彰大会的环境准备。

表彰大会还要做好各项发言的准备。如果表彰学生，成绩突出的可拍摄短片。让学生在观看短片的过程中加深印象，走近表彰对象。

表彰大会一般还会安排学生的发言。对学生的发言，德育处要认真审稿。

表彰大会的程序设计也很重要，一般为：

（1）观看优秀学生、先进集体先进事迹的短片；

（2）优秀学生、先进集体做汇报；

（3）宣读表彰决定；

（4）颁奖；

（5）校领导讲话。

要营造好表彰大会的氛围。德育处要拟好主持词，做好调节气氛、穿针引线的工作。

表彰学生时，可宣读表彰词。表彰词可以由校长、老师、同学或家长写，也可以邀请著名专家、模范人物写。

同时在表彰大会开始时，要说明开会要求。要求与会师生精神饱满地参加会议。如果会场中大家精神有些懈怠，主持人应巧妙地予以提醒，比如"今天会场上许多班级的精神面貌非常好"，以唤起注意。

表彰大会一定要注意细节，获奖证书怎样准备、颁奖时如何上下场、谁做颁奖嘉宾、颁奖时播放什么音乐，等等，都应仔细筹划。

思考题

1. 有人主张，校级活动规模要大，形式要多样，影响力要大；有人主张，校级活动要切合学生实际，不要搞形式主义。您是如何看待这些主张的？

2. 您所在学校的升旗仪式，学生喜欢吗？您认为还可以做哪些改进？

第四章 指导学生工作

学校是学生学习的场所。学习基本的管理工作，也应是学生在学校学习的重要内容。而要做好学校的管理工作，必须调动学生的积极性，让他们参与管理，把学校的管理要求内化为自己的实际行动。在这方面，培养学生干部是德育主任的重要工作。

一、校级学生干部培训

作为德育主任，应切实抓好校级学生干部的培养。

在小学和九年制学校，德育主任应与少先队大队辅导员合作，指导大队辅导员抓好少先队大队部的工作；在中学，德育主任应与团委书记合作，指导团委书记抓好校团委和校学生会（学生自主管理委员会）的工作。

1. 岗位的设置

（1）学生会（学生自主管理委员会）。

为了更好地体现学生的自我教育功能，现在中学的学生会大多称为学生自主管理委员会（为行文方便，以下统称学生会）。学生会视学校规模、学生人数设工作岗位。一般来说，学生会人数为11人。具体分工及职责为：

主席（1人）：

① 全面负责学生会工作。主动考虑和开展学生会工作，制订工作计划，

督促、检查计划的落实情况，并做好学期和学年的总结工作。

②主持召开学生会工作例会，对各部进行工作指导，帮助他们总结经验、克服困难、提高效率。

③组织开展各项有意义的活动。

④及时、主动地向老师反馈学生情况。

副主席（1人）：

①主动配合主席做好各项工作，协调好各部的关系，当好主席的参谋，主席不在时代理主席的工作。

②督促、检查学生会各部工作计划的贯彻落实情况。

秘书部长（1人）：负责学生会各项通知的传达、有关会议材料的整理存档。

学习部长（1人）：负责组织召开学习经验交流会、开展学科竞赛等活动。

体育部长（1人）：负责组织开展学生体育活动。

文艺部长（1人）：负责组织开展文娱活动。

宣传部长（1人）：负责宣传报道学生在各项工作中的成绩及学生会各部门的工作情况。

生活部长（1人）：协助学校负责学生食、住、行等生活方面的工作。

社团部长（1人）：负责学校各社团活动的开展、展示工作。

纪检部长（1人）：负责纪律检查活动，协助有关部门维护正常的教学、生活秩序。

外联部长（1人）：负责学生会与兄弟学校的联系，组织本校学生代表参加兄弟学校举行的各类活动。

各部门可设副部长及干事若干。

（2）校团委（校团总支）。

在中学建有团委（或团总支），视学校规模而定。《中国共产主义青年团章程》规定，团员在3人以上的单位可以建立支部；团员在30人以上的单位可以建立总支；团员在100人以上的单位，可以建立基层委员会。团委下面的部门设置不太相同，一般来说，在中学的岗位设置为书记（由年轻的团员或党员老师担任）、副书记、组织委员、宣传委员和社团委员。他们的分工及职责为：

书记：全面负责团委的日常工作。

副书记：协助书记工作。

组织委员：负责发展新团员、团组织关系的接转、团费的收缴、组织开展团日活动、举办党团知识竞赛、做好推优考察等工作。

宣传委员：负责宣传布置工作，如团委的宣传栏、各种展览的布置，重大活动横幅、标语的设计，组织开展专题讲座等活动。

社团委员：负责开展学生社会实践、青年志愿者等活动。

在规模比较大的学校，年级应建有团总支，班级应建有团支部。团总支、团支部的分工原则上同团委，以便保持工作联系。如学校规模比较小，团员人数较少，团干部的人数可相应减少，但作为最基层的组织，团支委不应少于3人，即由支书、组织委员、宣传委员组成。

（3）少先队大队委员会。

《中国少年先锋队章程》指出："（少先队）大队委员会，由7~13人组成。""大队和中队委员会可以根据工作需要，设队长、副队长、旗手和学习、劳动、文娱、体育、组织、宣传等委员。"由于人数、委员岗位设置都有一定的空间，实践中许多学校的少先队大队委员会人数定为11人，具体分工及职责为：

大队长（1人）：全面负责大队部的工作，组织开展大队活动，召集并主持大队委会议，制订工作计划，进行工作总结，领导中队长做好中队工作，召开队员大会，主持"队长学校"，培训积极分子。

副大队长（1人）：协助大队长开展工作，重点分管活动及宣传工作。

旗手（1人）：负责鼓号队、国旗班工作，重大活动时执掌大队旗。

组织委员（1人）：领导各中队组织委员，负责少先队的组织发展工作，管理队员登记表；负责队员的奖励和处分、材料统计及表格填写工作；负责队室布置和有关资料保管。

学习委员（1人）：领导各中队学习委员，负责开展科技活动、学科竞赛和智力竞赛活动；负责组织学习经验交流，帮助队员提高学习成绩，反映队员学习上的建议和要求。

宣传委员（1人）：领导各中队宣传委员，负责组织大队广播、宣传栏、黑板报；负责向校内外的宣传媒体投稿，宣传本校少先队活动；负责向本校队员宣传国内外大事、少先队的好人好事等；负责检查各中队墙报、手抄报等工作。

文娱委员（1人）：领导各中队文娱委员，负责组织大队的文娱活动，向中队及广播站推荐好的歌曲、舞蹈和游戏；负责大队文艺汇演工作。

体育委员（1人）：领导各中队体育委员，负责组织大队体育游戏和体育活动，协助体育老师进行大型集会及运动会的进退场秩序；负责各中队课间游戏的组织工作。

劳动委员（1人）：领导各中队劳动委员，负责组织大队的公益、种植等活动，检查各中队的卫生工作及卫生宣传工作，协助值周老师做好卫生检查评比。

纪律委员（1人）：领导各教学区监督岗，负责管理小卫士，协助值周老师及各教学区监督岗做好全校纪律检查工作。

广播站（电视台）长（1人）：领导红领巾广播站（电视台），负责发展、培训广播站（电视台）通讯员、编辑和播音员，发动各中队踊跃投稿，向全校师生宣传校园新事、少先队活动。

(4) 学生校长助理。

现在，不少学校正尝试学生校长助理制。学校设学生校长助理多名。学生校长助理任期一般为一学期或一学年（可连任）。学生校长助理不仅负责收集、反馈学生对学校管理、教育和后勤服务工作的意见和建议，协助校长处理有关学生工作，还直接参与对学校领导、学校值日老师以及团委、学生会履行职责的督查与评估，还可列席学校的有关会议，接受校长委托、布置的其他任务。

学生校长助理由班主任、学生会多方推荐,经过竞选,由德育处考核、学校领导班子审核产生,由校长亲自颁发聘任证书。

由于学生还有着较重的学习任务,所以学生校长助理在时间、精力投入上,在认识、工作方法、经验积累上都存在不少困难,但这样的改革尝试是有益的。

2. 工作的推进

德育处应做好学生干部的选拔工作。一般采取班级推荐和学生自荐的方式,在学生代表大会(团员、队员代表大会)上(每班代表5人以上),候选人发表演说后,代表投票产生(差额选举)。

德育处应做好学生干部的岗位分工。可以采取岗位试运行的方式,也可以通过大型活动策划、组织、实施来发现学生的才能。

德育处应指导学生会、团委、少先队大队委员会开展例会和活动。

德育处应多方关爱学生干部。对他们的工作创意积极肯定,同时对工作中出现的问题给予必要的指导。要鼓励学生干部处理好工作与学习的关系,以出色的工作、优良的成绩赢得同学的尊重,同时在推优、入团、入党等方面,根据他们取得的成绩,向上级组织推荐。

二、班级学生干部培训

作为德育主任,还应指导班主任做好班级干部的培养工作。

班级实行层级管理,参与班级管理的主要有班委会、小组长、课代表,以及特设的岗位。由于少先队中队队委会在许多学校是由班委会同时兼任的,故不再单独叙述;而团支部的分工原则上同团委的分工,如果人数少,通常是团支书、组织委员、宣传委员3人,也不再专门叙述。班主任应了解他们的基本职责,加强指导。

1. 班委会的培养

(1)班主任要组建班委会,选好班长。

怎样才能让班长、班委会积极地开展工作?在新接班时,班主任应认真查看学生的材料,主动与同学对话,选出临时召集人。临时召集人人数可少一点,以便在实践中确定班级的主要干部;先经过2周的实践,再让全班同学自荐。激励竞选班干部的同学产生"我要当"的强烈愿望,让他们在班会上演说,介绍自己的"施政纲领",最后组织全班选举。

同时,班委会的规范化操作很重要。班主任应和班委会共同制定班委会工作职责,明确分工,以便各尽其能,积极、主动地开展工作。

班委会通常由班长、副班长、纪检委员、学习委员、宣传委员、劳动委员、生活委员、体育委员、文娱委员组成。人数为单数的班委会便于对重大问题进行表决。

班委会具体工作职责如下所述。

班长:

① 参加学校、年级工作例会,落实有关工作安排。

② 全面负责班委会工作。制订班委会工作计划。定期主持召开班委会,讨论、布置班级阶段性工作。

③ 处理班级常规事务。

④ 着重联系纪检、学习、宣传、体育委员。

⑤ 及时向班主任汇报工作情况。

副班长:

① 协助班长处理班级事务。着重联系文娱、劳动、生活委员。

② 负责《班会课记录簿》记录。

③ 负责班级参加校级值勤工作。

纪检委员:

① 负责《班级日志》的记录，开展班级工作点评，并及时向班主任、班长反馈。

② 负责班级参加学校值勤工作的检查。

③ 负责学校文明班级评分的反馈。

④ 协助学校处理本班学生违纪事件。

学习委员：

① 检查、帮助课代表工作。做好作业收交情况的汇总登记。

② 注意听取同学们对教学工作的意见、建议，及时向班主任和任课老师反映。

③ 组织召开学习经验交流会和课外兴趣小组等活动。

④ 组织开展同学之间的帮学活动。

宣传委员：

① 负责教室的环境布置。

② 负责班级黑板报的出版工作。

③ 负责向校刊、校广播站投稿。

体育委员：

① 负责课间操整队。

② 组织上好体育课。

③ 组织开展班级的小型体育竞赛。

④ 校运动会期间，负责班运动队的训练、比赛事宜。

文娱委员：

① 组织开展班级日常文娱活动。

② 节日时，负责班级文娱节目的排练、演出。

劳动委员：

① 安排每天的值日工作，对值日生工作进行检查，做好记录。

② 负责带领全班同学做眼保健操。

生活委员：

① 管理班费，做好记录，每学期向全班同学公布一次。

② 做好报刊信件的收发工作。

③ 协助搞好住宿生的管理。

制定班委会工作职责后，班主任要组织班委会学习、讨论，讲解要求，指导方法。同时可将班委会工作职责复印，一式三份。一份给班长，他需要熟悉每位班干部的工作要求；一份给各位班委；还有一份贴在教室后墙上，便于全班同学了解、督促班干部做好工作。

当然在工作中，还可以根据需要安排适量的干事协助工作。

（2）德育主任要重视学生干部队伍建设。

德育处主任在抓好班主任工作的同时，还应重视抓好各班班长、班级主要学生干部的队伍建设。

① 上岗培训：在新学期第三周，应召开全体学生干部会议，集中进行干部工作培训，介绍班干部工作的意义和职责要求。

② 专题指导：在学期中，针对学生干部工作中的难题进行专题指导，如"怎样当班长""怎样出好黑板报"等。

③ 夏令营活动：在假期，应组织开展优秀学生干部夏令营活动。活动既是对学生干部的奖励，也是对他们的锻炼。德育处应设计丰富多彩的活动，比如参观、交流、游戏、登山等。

2. 多角色的班级学生干部岗位

德育主任要指导班主任做好班级工作，仅仅依靠班委会是不够的；班主任要做好育人工作，还应该为全班每个学生提供学习的机会，提供工作的平台。

班主任思考班级岗位设置时，应做到"班级的事，事事有人干；班级的人，人人有事干"。因此，多角色的工作岗位非常重要。除了班委会外，还可设置以下工作岗位：

（1）小组长。

小组是班级的基层组织。小组长的工作状态关系着班级的发展，因此小组长的人选很重要。小组长应该是"多面手"，工作应该"认真、负责"。要提高小组长的工作水平，应经常开展小组间的比赛。比赛不仅可以是学习活动，也应包括体育、纪律、劳动等多方面的活动。当然比赛的评价也可有多种形式，可以分出等级，也可以都是最佳或者设定不同的表扬称号，如"最有活力的小组""最团结的小组"等。

（2）课代表。

课代表不仅是学科的代表，更要有吃苦耐劳的精神。班主任应与任课老师多联系，培养课代表认真负责的工作态度。

当然，作为课代表在学科方面还应该有出色的成绩。班主任应请任课老师给课代表"开小灶"，培养他们的兴趣，为他们提供机会。比如，鼓励课代表参加学科竞赛，推荐发表课代表的佳作，指导课代表辅导后进同学，使课代表成为班级里的"小权威"。班主任还应在班会课和日常工作中多表扬他们，帮助他们树立威信，以便更好地开展工作。

（3）不同角色的管理助手。

魏书生在班级管理中设置了许多工作岗位，如门长、窗长、花长、炉长等，借鉴他的经验，我们也可以根据班级管理的需要，设置相应的工作岗位，如电视机长、电风扇长、计算机长、空调长等。

四川成都的龚春梅在班级管理中也设置了许多工作岗位，如发型委员、团徽（红领巾）管理员、操行评分管理员、粉笔委员、财产管理员、联络员等，借鉴她的经验，我们还可以根据班级管理的需要，设置相应的工作岗位，如心理委员、阳光小记者、安全委员、图书管理员、饭盒管理员、护绿使者（花卉管理员）等。

（4）有特色的文化社团负责人。

随着时代的发展，还可在班级设置有特色的社团负责人。

① 班刊主编。对一个班级来说，毕业以后能有些物质的东西来珍藏，是非常有意义的，班刊就是很好的形式。要办好班刊，就要组建班刊编辑部，

由主编负责日常工作。平时留心收集资料编好班刊，毕业时就能有内容丰富的纪念册了。现在计算机被普遍使用，使汇编班刊方便多了。

② 班级通讯社社长。应及时报道班级情况，向校刊、校广播台、校电视台，甚至向市区报刊投稿，这对增强班级凝聚力很有作用，但还未引起大部分班主任的重视，建议不妨一试。从另一角度思考，文章能不能发表，也看我们的工作是否有新意，这也将促进我们对工作的深入思考。

③ 美术小组组长。美术小组不仅可以出好黑板报，同时还可以承担布置教室的工作。

④ 文学社社长。学生时代是追梦的年代。"梦"的呈现形式之一是写作，写散文，写诗，记录自己的感想。班级应建有文学社，并经常开展相应的活动。

⑤ 班级网页网管。随着网络的普及，加强网络管理很有必要。班级可制作班级网页，网管不仅要有较高的技术水平，更要有较高的思想道德水平。

思考题

1. 有人认为，学生自主管理只是一种理想追求，很多事还需要教师指导、教师帮助，您认为这样的说法对吗？

2. 请交流您所在学校班委会的运行方式，思考可以做哪些改进。

第五章　校园文化建设

校园的发展贵在文化的形成和发展。校园文化重在建设，一般来说，它包括物质文化建设、制度文化建设和精神文化建设，这三个方面全面、协调地发展，为学校树立起完整的文化形象。德育主任应协助校长加强校园文化建设。

一、学校环境布置

人们常说，环境育人。确实，一个环境优美、整洁、富有文化底蕴的学校，是学生非常欢迎、非常向往的。学校环境布置是学校文化建设的重要内容之一，也是学校文化外显的重要途径。德育主任要为学校环境布置积极献计献策。

校园是学生学习、生活的地方，是他们成长的摇篮，也是他们夯实基础、放飞梦想的地方。对学生来说，良好的校园环境可以使他们心情愉快地学习和生活。环境孕育希望，理念放飞未来，校园的一草一木、一楼一房，都是学校校园文化建设的重要一环。

学校的环境布置要体现学校的办学理念、办学特色，为学校发展、师生发展服务；要突出"教育意义"，让环境成为教育的资源。

人们常说，让校园的每一面墙壁会说话，就是要让无声的环境向师生、家长、参观者传达教育理念，成为教育的途径。

1. 学校环境布置的十个基本点

学校进行环境布置时，以下十个基本点是应该考虑的：

① 校训墙（石）：在进校园时，首先映入眼帘的应是校训墙（石）。校训最好由书法家或名人书写，以增加其内涵。

② 校园平面示意图：在校园门口或在教学楼底楼大厅设置校园平面示意图，为新生或参观者导行。

③ 名人名言灯箱：在校园大道两侧设名人名言灯箱，既有照明功能，又有教育意义。

④ 宣传栏：在小区内应有多处宣传栏，介绍学校的师资队伍、办学成绩及重大活动。

⑤ 植物介绍铭牌：在树木花卉前，置有介绍铭牌，介绍植物的名称、种属、特点、功用。

⑥ 山石盆景：在校园中应有小的山石盆景，以造型别致、精巧为佳。

⑦ 凳椅：在校区内还可设置一些凳椅，便于师生休憩、交流。

⑧ 荣誉墙（橱）：在校园醒目处应有荣誉墙，陈列学校获得的荣誉奖牌；在行政楼、教学楼的走廊内可设置荣誉橱，陈列师生获得的奖杯、奖牌、奖章等奖品。

⑨ 杰出校友雕塑：学校应为本校的杰出校友塑像。在塑像下应有简要的介绍。如陕西师大附中校园内，著名教育家、老校长江隆基，校友、著名政治家屈武，校友、著名政治家杨明轩，校友、"人民艺术家"、《松花江上》作者张寒晖的塑像令人肃然起敬。

⑩ 校友捐赠的物品：校友捐赠的物品应集中介绍。

2. 学校环境布置的六个原则

布置学校环境时，应注意：

① 校园环境布置一定要突出本校的办学理念、办学特色。办学理念应在

环境布置中外显,如镌刻校训的山石、突显办学思想的校园路牌。

②校园环境布置有一个不断丰富发展的过程。应倡导师生共同为美化校园做出自己的努力,比如制作植物铭牌,可由花卉社团、植物兴趣小组的同学和老师一起完成。

③校园环境布置应有一个长远的规划,逐步调整,逐步完善。一些需要花钱的物品,应尽可能设计得精致一点。

④学校不同的区域布置应有不同的特色,如教学楼的宣传栏与宿舍楼的宣传栏就应有各自的特点。

⑤既要做好园区的环境布置,又要做好图书馆、食堂、心理咨询室、实验室、宿舍、传达室等不同场所的环境布置。

⑥校园布置时应注意引入时尚元素,如太阳能与风能路灯、新品种花卉等。

二、德育规章制度

作为文化建设的重要内容,德育主任应协助校长建立健全德育工作的规章制度。

德育工作的规章制度是学校教育的重要手段,能保证学校德育工作有秩序、有成效地进行,使教师和学校其他工作人员的工作规范化、学生在校行为规范化,提高工作效率。

德育规章制度可分为面向教职员工的规章制度和面向学生的规章制度;可分为国家、教育部门制定的规章制度(如《中小学班主任工作规定》《中学生守则》《小学生守则》《中小学生日常行为规范》等)和学校制定的规章制度(如班主任会议制度、学生一日常规、学生奖惩制度等)。

1. 认真学习规章制度

德育主任首先应加强对规章制度的学习，提高对依法治校、按规带班的认识，要加强学习国家、教育部门有关德育的文件、工作规定，提高政策意识；其次要组织班主任认真学习，提高政策的执行力，同时指导班主任组织学生学习有关规章制度。组织学生学习时，不能只是简单地读一下规章制度，而是要晓之以理，做必要的解读。

2. 严格执行规章制度

实践证明，好学校往往是校风严谨的。执行规章制度，应做到有法必依，有章必依。当然在处理具体问题时，要讲究方法、讲究艺术。如学生迟到，应该扣班级的纪律分，这是因为学生属于班级，学生既要对个人负责，也要对集体的形象负责。但在具体处理时，完全可以和颜悦色、设身处地地与学生交流，"有话好好说"，会收到好的效果。

德育主任更应模范地执行学校的各项规章制度，成为学生的表率，比如不迟到、见面打招呼等。

3. 及时修改规章制度

社会是不断发展的。人们的认识也是不断发展的。规章制度的制定是社会认识的反映。比如"不穿奇装异服""不戴手表"这些认识已成为过去，但能否使用手机、长发的标准是什么，还困扰着许多德育主任。对一些认识有争议的问题，可以暂时搁置。但随着认识的提高，应该及时修改。

对学校规章制度如何执行的认识构成了学校制度文化。学校制度文化是校园文化的重要组成部分，是保证学校正常秩序必不可少的机制，是校园文化建设的保障系统。"没有规矩，不成方圆"，只有建立科学的规章制度，规范师生的行为，才能保证学校各方面工作和活动的开展与落实。学校规章制度的建立是否合理科学，以及贯彻执行是否有效果，直接反映了学校校园文化的建设程度。

虽然规章制度是人制定的，但是规章制度的制定不能只在管、卡、压上做文章，要体现学校工作的特点，体现德育工作的特点，促进学校管理机制的良性循环。规章制度能够管理人，也能够塑造人，使人在集体的氛围中不自觉地适应制度、认同制度、遵守制度。建设学校文化从规章制度入手，是一个行之有效的途径。

链 接

上海市晋元高级中学学生日常规章制度

上海市晋元高级中学　丁如许

一、升旗仪式制度

1. 每周星期一早晨举行升旗仪式。

2. 出旗、升旗时，应保持立正姿势，对国旗行注目礼。

3. 举行升旗仪式时，应保持严肃，不讲话或做小动作。认真聆听国旗下讲话，演讲者讲话结束时要热烈鼓掌。

4. 集体唱国歌时，声音要整齐响亮，充满激情。

5. 进退场时按指定的路线，动作迅速，队伍整齐，保持安静。

二、广播操和眼保健操制度

1. 广播操集合铃响后，各班必须迅速整好队伍，按指定路线准时到指定地点集合。

2. 做广播操时应队列整齐，动作到位、有力，精神饱满，姿势正确，与音乐节奏一致；不讲话，不做其他小动作。

3. 因故不能参加早操必须向班主任请假，无故缺席以旷课 1 节论处。

4. 保护视力，认真做好眼保健操，应动作到位、符合口令。

5. 各班每日做广播操与眼保健操的情况由体育老师或值日师生打分。分

数作为文明班级评比依据之一。

三、学生礼仪规范

1. 在校期间穿校服，佩戴校徽，团员佩戴团徽。

2. 学生仪表应符合中学生特点，不烫发、不染发、不化妆、不佩戴首饰，男生不留长发，女生不穿高跟鞋。

3. 讲普通话并使用"请""您好""您早""谢谢""对不起""没关系""再见"等礼貌用语。

4. 遇到师长能主动点头致意、问好；碰到师长问话时应主动起立；进入办公室或他人房间时应先打招呼，得到允许后方可进入；与他人交谈时应两眼注视对方，不随意打断别人说话；递送或接受物品时应用双手。

四、学生穿着校服规范

1. 学生在校期间应穿着校服。

2. 学生穿着校服应符合着装规范：

（1）穿着校服需上下装统一、协调。

（2）穿着长袖衬衫时，应从胸前第二个钮扣扣起，依次扣好；如系领带，则从第一个钮扣起依次扣好，同时将袖口处的钮扣扣好。

（3）穿着正装时，男生衬衫领不应翻在正装领外。

3. 上体育课时，应穿运动服、运动鞋。

4. 校服有污渍时，应及时清洗；有破损应及时修补。

5. 校服过小或丢失，应及时购买新的。

6. 如遇天气变化，应适时增减衣物，但必须保证最外面的一套为校服。

五、课堂管理制度

1. 预备铃响后，学生应迅速进教室，准备好上课用品，静候上课。迟到者要喊"报告"，得到老师的允许方可进教室。上课时未经老师同意，不得擅自调座位或离开座位。

2. 上课应听班长的口令全体起立，做好师生间的互相问候。

3. 上体育课、实验课等时，必须提前准备好有关用品，带入指定场地或教室。

4. 上课时精神饱满，积极思考，勇于发言，敢于质疑，认真做好笔记。回答问题时应该起立，声音响亮。

5. 遵守课堂纪律，不乱讲话，不做小动作，不做与本节课无关的事情，坐姿要端正。

6. 下课时，老师宣布下课后，学生才能离开座位。值日生必须及时擦黑板。

7. 认真参加拓展课、研究型课及各类社团活动课，课堂纪律要求与必修课一致。

8. 在实验室、计算机房、运动场馆上课，要严格遵守规则，爱护器材，注意安全。

9. 课间休息尽量到室外活动，不得在教室内或走廊打闹、追逐，不开恶意的捉弄人的玩笑，不准在教室打扑克、下棋，不得在教学楼（区）内踢足球、打篮球等。

10. 任课教师负责管理学生的课堂秩序，对学生的课堂违纪行为要进行教育并告知班主任。

11. 如学生不在本班教室上课，应随时做好"四关"（关门、关窗、关灯、关电源）工作。

12. 学生在上课时不得使用手机。

六、进出校门制度

1. 走读学生早晨7点之前到校上早自修课，迟到者必须在校门口登记。

2. 走读学生进校后应主动向值勤老师行礼问好，保持安静，不喧哗，按指定路线直接进入教室。

3. 骑车来校的学生把车整齐停放在学校指定地点后方可进校。

4. 走读学生每天下午放学后应及时离校，离校时必须主动出示离校证。

5. 在校期间，学生不得擅自离校。如有特殊情况，按照规定开具"离校证"，交门卫查验后方可出校门。

七、学生考勤与请假制度

1. 各班应安排负责考勤的学生干部每日点名，准确记录迟到、早退、缺席的人数和节数，当日向班主任汇报。

2. 不得无故迟到、早退、旷课，情节严重者予以校纪处分。

3. 事假必须有家长或监护人的签字假条，一般需事先请假。事假一天内由班主任批准，2~3天由年级主任批准，3天以上需到教务处审批并备案。病假需有家长或医院证明。违反上述规定一律作旷课处理。

4. 白天在校时间内，学生如需请假处理急事，需向班主任请假，填写"事假单"，凭德育处盖章的"离校证"离校。如请病假，需凭校医证明向班主任请假，填写"病假单"，凭德育处盖章的"离校证"离校。

5. 请假学生需准时销假，如需续假，则应及时办理续假手续。

6. 住宿学生在校期间遇事假、病假，应先向班主任请假，但同时必须告知生活老师，以便记录在案。

7. 凡未填"请假单"而离校者均作旷课处理。

8. 不得伪造、转借"离校证"。

八、早晚自修制度

1. 全体学生早晨7:00—7:20在教室参加早自修；晚上18:30—21:30在教室参加晚自修。不得无故旷课、迟到、早退。

2. 早晚自修以班级为单位进行，学生应自觉遵守纪律，不得随意走动，不得大声喧哗或讨论问题，教室必须保持安静。

3. 早晚自修和上课要求一样，学生应衣着整齐，不准穿拖鞋，不准带零食、随身听和游戏机等物品。

4. 早晚自修必须保持教室整洁，废纸一律放到垃圾袋中，要做到地面上、课桌内无废纸。

5. 晚自修内容原则上是学生自己安排，如完成作业、预习和复习，但不能做与学习无关的其他活动。

6. 晚自修结束后，学生要将垃圾袋送到垃圾筒里，并把讲台打扫干净，教室里不允许有垃圾存留。

7. 晚自修结束时，各班级应设专人做好关窗、关电源、关灯、关门工作。

8. 晚自修结束时，学生应尽快回到寝室。

九、就餐制度

1. 学生应按时到餐厅就餐，不准提前进餐厅（就餐时间根据作息时间表）。

2. 买饭菜必须排队，每人一份。不得插队或代别人买饭，必须在指定餐厅里就餐，不准将饭菜带出餐厅。在校期间不得购买外卖。

3. 要爱惜粮食。就餐完毕，应随手整理桌面，把剩菜、餐巾纸等倒入泔水缸，餐盘和汤碗分开放置在餐厅的指定位置上。

4. 就餐时，不准大声喧哗。

5. 尊重厨房工作人员的劳动，如遇问题，应通过管理人员解决。

6. 爱护餐厅用具，损坏要赔偿。

十、教室卫生保洁制度

1. 人人养成保持教室整洁的良好习惯，做到课桌椅排列整齐，门窗明亮，讲台清洁。

2. 禁止乱扔纸屑、塑料包装等，地面和课桌内应无果壳纸屑。

3. 不随地吐痰，不乱涂乱画，不在墙面上留下球印、鞋印等污迹。

4. 教室内财物（电视机、教学多媒体设备等）由专人保管，不要有积灰。

5. 垃圾一律袋装，值日生要勤倒垃圾。

6. 清扫工具要妥善保管，不得到处乱放。

十一、学生作业要求

1. 养成先复习、后写作业的习惯。

2. 作业要保质、保量独立完成，并按时上交。

3. 书面作业书写要端正、清楚、整洁，答题步骤、作图规范均要符合学科要求。口头作业或研究型课程作业同样要根据教师的要求认真完成。

4. 实验作业要严格按规定操作步骤进行，要爱护器材，注意安全，实事求是地写好实验报告。

十二、考试规则

1. 参加考试的学生应按规定的座位入座，不得私自调动考场和考试座位。

2. 考试预备铃响后，学生除留考试必需的用具（钢笔、垫板、圆规、直尺等）外，其余物品（如手机、好易通等）一律不得带入考场。

3. 考试时保持考场绝对安静，学生不得东张西望、交头接耳。遇试卷印刷不清，应举手询问监考老师；向同学借用考试用品必须征得监考老师的同意。

4. 考试时偷看书和笔记、抄袭、夹带、传递纸条或向邻座同学示意答案内容、携带手机等均属考试作弊行为。

十三、集会制度

1. 必须认真参加校会、班会，精神饱满，认真听讲，做好记录，不打瞌睡，不做作业。

2. 到各场馆活动必须准时进场，按指定的座位入座。不准随便讲话，不看书报和做作业，不得随意离开座位或早退。活动结束，应听从指挥依次退场。

3. 外出活动应听从教师指挥，遵守社会公德，体现良好的精神风貌。

4. 增强安全意识。提高遇突发事件的自我保护能力，遇有特殊情况，要冷静处理，相互帮助，并及时告诉相关人员，防止事故的发生。

三、校园节庆活动

学校要给学生留下深刻的印象，应积极开展节庆活动。通过节庆活动提升学生综合素质，提高班主任工作水平，构筑师生和谐成长的幸福家园，促进学校精神文化的建设。

节庆活动可以设计综合性的文化节。这样的文化节一般为一个月。期间开展丰富多彩的活动,如读书交流、主题讲座、专场报告、才艺展示、文娱汇演等系列活动。这样的文化节也常常分为班级文化、寝室文化和班主任文化三大板块。

节庆活动也可以安排为专项的节庆活动。专项的节庆活动通常为几天或一周。目前许多学校比较热衷于节庆活动,因为节庆活动内容丰富、形式多样,影响比较大。有些节庆活动属于教务处或其他部门负责,比如英语节、语文节、科技节等。由德育处重点负责的节庆活动有:

1. 读书节

德育处应与语文教研组合作,举办校园读书节。具体时间以 10 月为宜,可安排两周到 1 个月。

在读书节期间,开展名家进校园讲座、新书推荐、读书手抄报展示、班级图书角评比、书香班级评比、书香家庭评比、讲故事大王评比、读书达人评选、课本剧展演、读书交流会、读书征文、以读书为主题的形式多样的班会课等活动。

2. 艺术节

德育处应与音乐教研组合作,举办校园艺术节。具体时间以 5 月为宜,可安排 3 天到 1 周。

在艺术节期间,开展歌曲、相声、舞蹈、器乐才艺表演,全校文娱汇演,校园温馨提示语征集,师生个人表演专场,书画作品展览,插花作品展览,"高雅艺术进校园"观摩及形式多样的主题班会等系列活动。

3. 体育节

德育处应与体育教研组合作,举办校园体育节。具体时间以 11 月为宜,可安排 3 天。

在体育节期间,开展运动会入场式评比、男拳女操表演、运动会、与优秀运动员见面以及篮球赛、排球赛、乒乓球赛等小型多样的体育比赛等活动。

上述节庆活动，以丰富多彩的活动营造良好的氛围，给学生创造展示个人才艺的空间和条件，提供展现自我和集体风采的舞台，使他们能尽情享受节庆活动所带来的乐趣。

4. 班主任节

现在许多学校为增强班主任工作的凝聚力，促进班主任之间的学习交流，展示班主任风采，提升班主任工作理念，还特意举办班主任节。具体时间多选在10月，可安排1天至1周。

在班主任节期间，可举行盛大的庆典仪式，开展学生向班主任献花、学生征文《我最敬爱的班主任》、优秀班主任演讲、为优秀班主任颁奖等活动。德育处还可举办著名班主任专场报告，班主任讲述育德故事，班主任沙龙交流，德育论文、案例评比颁奖等活动。

在班主任节期间，还可以开展节徽、吉祥物的设计活动，让学生和教师积极参与其中，营造尊重班主任、热爱班主任的节日氛围。

山东省博兴县实验中学第五届班主任节方案

山东省博兴县实验中学　魏立涓　孙岩巍

班主任是班级工作的组织者、班级建设的指导者、学生健康成长的引领者，是学校思想道德教育的主力军、家长和学校沟通的桥梁。为了营造尊重、理解、热爱、感恩班主任的和谐氛围，激发班主任工作热情，提升班主任教育艺术，促进班主任专业发展，学校研究决定举办第五届班主任节。

一、指导思想

以教育部《中小学班主任工作规定》为指导，进一步突显班主任在学校教育教学工作中的基础地位和关键作用，通过班主任节的各项活动，弘扬我校班主任老师扎根实中（即实验中学——本书责编注）、勤于耕耘、积极创造、勇于进取的精神和热爱学生、甘于奉献的高尚情操，推动我校班主任团队建设文化的传承和弘扬。

二、活动主题

生命中感谢有您，生活中感恩常在。

三、班主任节活动时间

2013年11月22日至30日。

四、活动实施

1. 宣传发动

（1）学校德育处和团委召开各班班长、团支部书记、宣传委员、学习委员、文艺委员会议，动员参与班主任节相关活动，征集节徽、吉祥物。

（2）学校办公室、德育处牵头召开部门负责人会议和学校家委会会议，协调班主任节活动安排，在校园内外营造喜庆气氛。

2. 第五届班主任节开幕式

地点：办公楼楼前广场。

时间：2013年11月22日下午15:20至16:30。

主要议程：

（1）学生代表献词，班主任代表、学生家长代表及学校领导发言。

（2）"我给老师颁奖"——各班学生代表向班主任敬献祝福与心愿。

（3）向第五届班主任节节徽、吉祥物的设计者颁发奖品和证书。

（4）16:35—17:10，各班团支部在班内召开动员会。

3. "夸夸我们的班主任"手抄报展评

地点：大礼堂北侧宣传栏。

时间：2013年11月25日上午。

4. "感谢有您，感恩常在"班主任节主题班会

地点：各班教室。

时间：2013年11月25日下午第四节课。

组织：各班班委、团支部。

5. 优秀主题班会课观摩展示

地点：实验楼小礼堂或相关班级教室。

时间：2013年11月26日至28日。

议程：每个德育科研小组组内推选1~2节优秀班会课参加全校比赛，德育处组织专家做评委，对参赛教师的班会课全程录像，链接至内部校园网供全体班主任观摩研讨，评出精品班会课。

6. 第三届"特色班级"申报暨班级风采展

地点：办公楼楼前广场。

时间：2013年11月27日。

7. 班主任节表彰与颁奖

地点：学校大礼堂。

时间：2013年11月29日。

议程：

（1）向建校14年以来连续担任班主任工作的班主任老师授奖。

（2）向夫妻双方均在我校担任班主任工作的"伉俪"授奖。

（3）颁发2012—2013学年度班级管理量化考核一、二、三等奖。

（4）表彰精品班会课获奖老师。

（5）慰问并感谢班主任老师的家属。

8. 主题班会课专家报告会暨第五届班主任节闭幕式

地点：学校大礼堂。

时间：2013年12月1日。

邀请全国著名班会课研究专家丁如许老师到校做专题报告"打造魅力班会课"，并与博兴县教育局普教科共同组织全县中小学班主任参加本次活动。

五、活动拓展

第五届班主任节活动结束以后，德育处组织优秀德育科研小组组长和精品班会课获奖教师到姊妹学校山东大学附属中学、济南稼轩初级中学观摩交流"如何打造魅力主题班会课"。

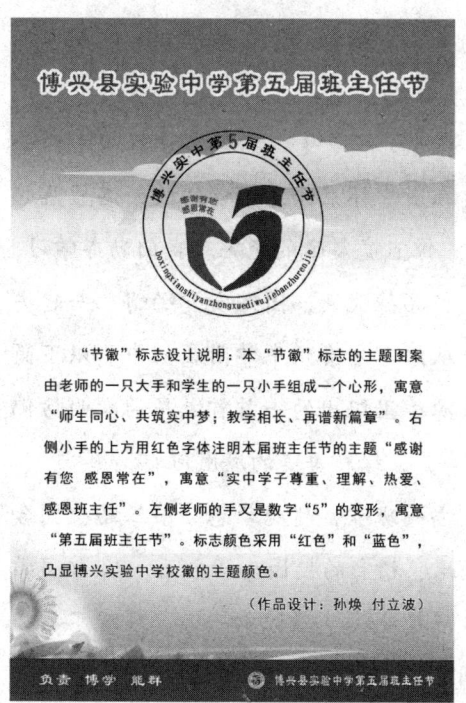

班主任节节徽

班主任节吉祥物

对于节庆活动，德育处要积极筹划。但当前有凡事皆称"节"的浮躁、夸耀之嫌，德育主任一定要静下心来，认真做事，注重细节，坚持做几年，不断收获经验，从而走向成功。

"校园无处不育人"，一个个精彩的节庆活动，对师生是熏陶，也是激励，将成为学校历史上绚烂的一页；一项项难忘的节庆活动，对师生是教化，也是提升，将有助于学校文化的孕育和发展；一次次成功的节庆活动，成为学校精神文化追求的载体，将永远留存于师生的记忆深处。

学校活动节日化

江苏省泰州中学附属初中 徐正富 宗永安

"我们的家在凤凰之边,美丽的故事讲了好多年。班级里开着四十六朵花,我们兄弟姐妹亲密无间。我们的爱在附中怀里面,可爱的校园湛蓝蓝的天。……我们热爱附中,理想远大哟嗨,像点亮晨曦的光芒。我们勤奋学习,追求上进哟嗨,是冉冉升起的希望。我们品德优良,团结友爱哟嗨,一起去追逐那梦想……"虽然时值初冬,但是从江苏省泰州中学附属初中(以下简称"省泰中附中"——本书责编注)湖源楼里飘出的一首首激昂的歌曲仿佛将我们带到了美丽的春季,带到了知了声声、绿柳垂堤的凤凰河畔。

这是什么活动?这是省泰中附中"唱响班歌,超越梦想"第三届校园合唱节比赛的现场。伴随着优美的背景音乐、精彩的校园生活画面,44首同学们自主选曲、填词的班歌和同学们的心一起绽放:《最炫初一六》展现了积极自信的班级风貌;《壮志在我心》引导同学们自强不息、壮志凌云;《相亲相爱海月班》抒发了生活在附中大家庭的甜蜜温馨……同学们饱满的热情、嘹亮的歌声、整齐的着装、曼妙的舞姿展示了各自班级的班级文化和班级精神,将比赛一次次地推向了高潮。使人不觉感叹:"莫道冬日寒,此处诗景,却比夏意浓。"

曾经有一位资深的报社记者无意中浏览省泰中附中的网站,看到关于体育节的视频报道,惊呼:这哪里是在办校园体育节?简直是在办校园"奥运会"!

体育节开幕式上,那整齐划一的国旗方阵、彩旗方阵、各班方阵和裁判员方阵,那铿锵有力的步伐,特别是各班那充满创意、精彩纷呈的出场方式,无不闪耀着教师们和同学们智慧的光芒,展示着别样的精彩,深深地震撼了每一位观众。在场的家长纷纷赞叹:"这是我见过的最有精气神儿的学生和老师!"

除了合唱节、体育节,学校每年例行开展的节日活动还有经典诵读节、成长感恩节等。学校活动"节日化"是德育实践工作的新探索,"节日化"就是要定型学校文化,提倡每一位学生在节日中都有体验之时,都有展示之处,都有用武之地,感受生动活泼的德育生活。

> **思考题**
>
> 1. 学校文化建设需要传承,也需要创新。您认为德育主任怎样做可以为学校文化建设的传承与创新做出贡献?
>
> 2. 您所在的学校有班主任节吗?本书介绍的班主任节给您哪些启示?

第六章 开展社会实践

开展社会实践是全面贯彻党的教育方针的根本要求。开展社会实践有助于学生增长知识,开阔视野;有助于学生提高人际交往能力,适应社会;有助于学生增强团队合作精神,学会合作;有助于增强学生的社会责任感、创新精神和实践能力。

但社会实践的形式、内容、系统的安排,还需要德育主任仔细规划。

一、春秋游

桃红柳绿,草长莺飞;秋高气爽,硕果累累。春游或秋游,都是学生喜欢的活动项目。但有些学校的校长借口安全问题或是说浪费时间,拒绝组织出游。这样的观点是极其错误的。

但这也提醒我们一定要注意出游的安全,一定要追求出游的实效。学校应认识到,春游(秋游)活动,不仅能使学生放松身心,开拓视野,锻炼和提高能力、提升审美情趣,而且也是检阅学校安全工作的好机会。学校对学生的每一次校外活动都要格外精心地准备和布置。

1. 确定春游(秋游)的目的地

到哪里去是学校必须认真考虑的。野生动物园、主题公园、青少年活动基地、纪念馆、烈士陵园等许多场所都可以选择,如果由于交通等原因不方便出行，建议就到郊野踏青。规模较大的学校，可以安排各年级去不同的地方，让学生对这样的活动充满期待。

2. 设计春游（秋游）的项目

确定了目的地，还要进一步设计学生游玩的项目。如到野生动物园，除了参观外，还应有做游戏、绘画、唱歌、才艺表演等活动。这样的活动有助于调动学生参与的积极性，增进师生的相互了解，充分体现了集体游的魅力。而如何上车、如何回校，怎样爱护环境，怎样感谢司机师傅，对学生又是遵守纪律、爱护环境、学习文明礼貌的教育实践活动。

3. 切实做好安全工作

德育处要做好安全预案。出游前，召开班主任会议，要求各班班主任对学生进行安全教育。班主任要组织学生认真讨论出游过程中的注意事项，如遇到紧急情况如何处置、小组如何合作、活动时小组内同学遇到矛盾怎样解决、如何购买纪念品、怎样保持环境卫生……学生经过讨论，明确了出游的目的及出游注意事项，并自由组合成若干小组。在对学生加强安全意识教育的同时，班主任和任课教师要掌握相关的安全技巧，并发放告家长书，征得家长的支持，请家长配合学校进行安全教育。措施一定要落实，如出发前、返回前一定要清点学生人数。

4. 完成必要的作业

对春游（秋游）要不要布置作业，历来有争议。有人认为，既然是出去玩，就不要布置作业，不要增加学生的负担。其实，有时学生在课堂上面对作文题，皱眉头，咬笔头，写不出来，是因为缺少素材，而春（秋）游活动为学生打开了一扇窗，学生可以睁大眼睛看世界，从丰富多彩的活动中捕捉灵感，记录感动，书写成长。作文的题目和写作的要求可以改变、可以创新，可以采取学生自命题、自选题材等形式，同时根据年级特点来布置，比如初一提倡写叙事散文，初二提倡写抒情散文，初三提倡写诗。

 链 接

舟山市定海区册子中心小学开展"低碳春游"活动

2012年4月12日，册子中心小学组织学生开展了"低碳春游"活动。春游之前，各班进行了关于如何实现"低碳春游"策略大讨论，很多学生提出了好的建议，比如步行不坐车、塑料袋换成环保手袋等。学校鼓励学生少买零食，以减少环境污染；铺在地上的垫子尽量选择可以重复利用的；尽量使用自带的水壶；垃圾分类处理；每个班级设立几个特殊岗位，如垃圾处理员等，负责监督处理春游产生的垃圾；带手绢或毛巾，不带餐巾纸……同学们通过讨论达成了共识。春游过程中，同学们走在蜿蜒的山路上，欣赏着美丽的春景，倾听海浪拍打礁石的声响，还在波心涌动桥上体验了一番凌空漫步的感觉。然而在开心的同时，同学们并没有忘记"低碳环保"，他们相互提醒，用实际行动影响着景区内的其他游客。

（摘自舟山市定海区教育局网站）

二、军训

现在，许多学校都很重视军训，将军训作为中学入学教育的第一课。

学校希望通过军事训练使学生增强国防观念，锻炼坚强的意志品质，培养集体主义精神；通过准军事化日常生活规范管理训练，培养学生遵守纪律、自主自立；通过学习准备教育让学生迈好入校的第一步，为三年的中学生活打下坚实的基础。

开展军训活动，德育主任（或德育副主任）的常规工作有：

1. 邀请军训部队（或落实军训基地）

德育主任应事先联系好军训部队。军训部队可以是有共建关系的部队，也可以请区（县）人民武装部安排；许多学校在校内进行军训。也可以联系到军训基地训练，当然这样的费用会比较高。

2. 成立军训领导小组

军训领导小组由校长任组长，分管副校长、军训部队领导（由部队确定，一般为连指导员）为副组长，德育主任、德育副主任、总务主任、年级组长和带队教官为组员。在军训前或军训中应召开领导小组会议，集中研究有关事项。

3. 召开班主任军训预备会议

向班主任介绍军训计划，发放告家长书。

4. 编制军训手册

军训手册包括以下项目：

（1）军训基本情况介绍。

① 军训内容。

② 政训内容。

③ 军训守则。

④ 生活制度。

⑤ 作息时间表。

⑥ 军训各项评比（会操评比、纪律评比、内务评比、黑板报评比、军歌评比、演讲评比、安全知识评比）。

⑦ 军政训练考核与鉴定。

（2）军训日记。

（3）给教官的一封信。

（4）军训总结。

（5）附录：军旅歌曲选（《中国人民解放军军歌》《团结就是力量》《严守纪律歌》《军港之夜》《小白杨》《梦驼铃》《说句心里话》《少年壮志不言愁》等）。

5. 召开军训动员大会

军训动员大会是新生的第一次集体亮相，必须纪律严明，开出气势，起到动员作用。军训动员大会的议程如下：

① 宣布开始，全体立正，升国旗，奏国歌，行注目礼。

② 介绍出席大会的学校领导和部队教官。

③ 校长讲话。

④ 部队首长讲话。

⑤ 学生代表发言。

⑥ 进行军人宣誓（说明："军人誓词"见下页的"链接"，事先要练习。要求学生大声宣誓）。

⑦ 有关工作布置。

6. 加强军训检查

军训中，德育处要会同年级组对各班的表现加强检查。

检查时，德育处要加强讲评，及时指出存在的问题，分析原因，明确地提出要求。

同时，还应该根据工作的推进，提出全年级经过努力可以做得更好的地方，如"早集队时零迟到""开会时掌声热烈而持久"。

在检查时，还必须突出重点，如晚自修、晚就寝等项目必须重点检查。

7. 开展丰富多彩的活动

军训是许多学校的入学第一课，因此从学校工作的层面考虑，军训的内容应是丰富多彩的，从多侧面为学生展现瑰丽的中学学习生活，既是学生展现自己才能的重要平台,也是班主任考察班干部的好机会。军训期间可结合开展的活动有队列比赛、内务比赛、军歌比赛、演讲比赛、黑板报比赛以及看电影、班级联欢等活动。

8. 举行总结大会及阅兵活动

7天的军训结束时,应召开总结大会及举行阅兵活动。对此,德育处应全力以赴,做好各项组织工作。

总结大会的议程为:

① 介绍与会领导。

② 阅兵活动。

③ 学生代表汇报军训体会。

④ 表扬军训先进集体、先进个人。

⑤ 部队领导讲话。

⑥ 学校领导讲话。

⑦ 学校领导向军训部队领导赠送锦旗。

德育处要认真做好总结大会及阅兵式的筹备工作,如大会的会标、议程的确定,主持人的训练,主持词的撰写,锦旗的制作等,要注重细节,认真落实。

阅兵队伍行进时要有解说词。解说词由各班写,但德育处要明确要求,如字数、语言风格,并对解说词进行必要的修改。

军训小资料

上海市晋元高级中学　袁薇

一、军人誓词

我是中国人民解放军军人,我宣誓:服从中国共产党的领导,全心全意为人民服务，服从命令，严守纪律，英勇战斗，不怕牺牲，忠于职守，努力工作，苦练杀敌本领，坚决完成任务，在任何情况下，绝不背叛祖国，绝不背叛军队。

二、五好战士标准

1. 军事训练好

（1）学习人民解放军团结、紧张、严肃、活泼、雷厉风行的作风；集队做到快、静、齐。

（2）操练时，不怕热，不怕苦，不怕累，服装整齐，不卷裤腿，不戴墨镜。

（3）听课时，认真听讲，精心操作，动作到位，队伍整齐。

（4）严密组织，严肃纪律，严格要求，严防事故。

2. 作风纪律好

（1）一切行动听从指挥，严格遵守各项制度，加强组织纪律性，确保安全第一，善始善终搞好军政训练。

（2）遵守作息制度，不迟到、不早退、不无故缺席，有特殊情况要离开营地（学校）须自觉向班主任请假，经年级组准假方可。

（3）按时起床，按时出操，按时活动，按时就餐，按时就寝；就寝时，不准讲话，不准打扑克，不看不健康书籍，不打电子游戏；不带随身听，严禁抽烟喝酒；违者按校纪校规给予行政批评和处分。

（4）集体活动时，穿着得体大方，不穿拖鞋，不佩戴饰物；男生不穿平脚裤、背心，女生不化妆；男生不留长发、不烫发、不染发，女生不披发、不烫发、不染发。

3. 文明礼貌好

（1）尊重教官、老师，服从指挥，不说脏话；遇不同意见，事后找有关老师、教官、同学交流，言语文明，举止得体，注意礼貌。

（2）同学间团结、友爱、谦让，用餐、喝水不争抢，午休、就寝时互相照顾，同学有困难、矛盾或生病要关心并及时报告。

4. 内务卫生好

（1）搞好内务卫生，宿舍内放置的物品整齐、干净、规范，扇子、书籍、衣服不得乱放，认真做好室内卫生。

（2）注意用餐文明卫生，不喝生水，不吃零食，不乱倒剩菜剩饭（吃多少要多少，避免浪费），节约水电，注意安全。

（3）禁止乱扔杂物、随地吐痰等不良习惯和其他不文明行为。

5. 团结友爱好

（1）参加年级训练和组织的各项活动善始善终，同学之间互相学习，互相关心，互相爱护，互相帮助，努力为班级争光。

（2）认真做好值日工作，开好班务会，表扬好人好事，纠正不良倾向，做好宣传报道工作；认真写好军训日记，认真学唱军事歌曲，认真做好军训个人小结，及时做好社会实践登记鉴定。

三、学农

学农也是有特色的社会实践活动。学农可以帮助学生开阔视野、了解农业的发展、感受农业劳作的辛苦、提高生活自理能力、适应社会、树立正确的世界观和科学的劳动观念，培养学生吃苦耐劳的精神和艰苦奋斗的优良作风，全面提高学生的综合素质。

开展学农活动，德育主任（或德育副主任）的常规工作有：

1. 落实学农基地

在许多地区学农基地是定点的，学校根据教育局的统一布置去落实即可。如果没有定点的学农基地，德育主任应事先考察，落实好地点。

2. 成立学农领导小组

学农领导小组由校长任组长，分管副校长、学农基地负责人为副组长，德育主任、德育副主任、年级组长和带教老师为组员。在学农前或学农中应召开领导小组会议，集中研究有关事项。

3. 召开班主任学农预备会议

向班主任介绍学农计划，发放告家长书。

4. 编制学农手册

学农手册包括以下项目：

（1）学农计划。

① 学农管理机构。

② 学农日程安排。

③ 学农守则。

④ 作息时间表。

⑤ 学农各项评比（劳动评比、纪律评比、内务评比、黑板报评比、演讲评比、学农技艺评比）。

⑥ 学农考核与鉴定。

（2）学农基地简介。

（3）农业知识简介。

（4）学农日记。

（5）学农研究性报告。

（6）学农个人总结。

5. 举行入营式活动

从学校出发，到达学农基地后，举行入营式活动。入营式议程为：

（1）宣布开始，全体立正，升国旗，奏国歌，行注目礼。
（2）介绍出席入营式的学校领导和学农基地领导。
（3）校长讲话。
（4）学农基地领导讲话。
（5）学生代表发言。
（6）有关工作布置。

6. 加强学农检查

现在有不少学校学农时过分强调学生安全，担心学生干重活受伤，把学农变成了变相的郊游。学农应该安排学生参加必要的体力劳动，让学生在传统的农业劳作中，真正感受到劳作的辛苦和快乐。学农中，德育处要会同年级组对各班的表现加强检查。

检查时，德育处要加强讲评，及时指出班级存在的问题，分析原因，明确地提出要求。对晚自修、晚就寝等项目必须重点检查。

7. 开展丰富多彩的活动

学农一般安排在初二或高二年级。学农的内容应是丰富多彩的，学农期间可结合开展的活动有参观走访、内务比赛、蔬菜水果拼盘比赛、拔河比赛、篮球比赛、黑板报比赛以及集体生日、大联欢等。

学农入营班主任工作"五个一"

上海市上南中学　张正国

学农是许多学校学生社会实践活动的重要内容之一，但是由于全年级整体外出，学生人数众多，而且又是住训，时间较长，所以给学校带队老师和班主任管理工作带来很大的挑战。特别是学农入营的第一天,学生们从熟悉的校园来到陌生的环境,一切都是全新的,需要一个调整适应的过程。

入营工作头绪众多,因此为了指导班主任老师更好地开展工作,同时协助基地做好入营工作,德育处应指导班主任在"五个一"上下工夫。

第一次入寝室

入营当天学生进入寝室时,可能会遇到这样或那样的问题,如物品摆放、床铺分配、上下铺搭配、寝室打扫等。班主任老师如果能在第一时间出现在寝室,有助于有针对性地对学生进行指导和帮助,也有助于发现各寝室中的"亮点"或"苗头",以便进行及时的表扬和教育。例如,有个别同学会在寝室中使用手机或游戏机(这些都是禁止携带的),这样的情况班主任老师及时发现、及时处理、及时教育,对树立良好的学农纪律是大有帮助的。

第一晚就寝

学生刚到达基地,对一切都感到比较新鲜、好奇,平时难得有这么多伙伴在一个房间睡觉,因此学农期间的学生就寝是一个管理难点,特别是第一晚的就寝。为此,在第一晚就寝时,班主任老师需进行叮嘱和教育,从维护班级荣誉、寝室荣誉出发,教育学生准时就寝,同时安排寝室长做好晚点名工作。

第一次用餐

学农用餐往往是10人一桌,不同于学校用餐——各吃各的。这造成有些学生不好意思放开吃,不好意思夹菜和添饭,特别是一些女生更是如此。因此学生第一次用餐时,班主任老师一定要注意巡视,叮嘱桌长把菜分到每一位同学的碗里,同时安排同学们添菜、添饭,要求同学们吃饱。

第一次卫生检查

学农期间,每天都要对各个寝室的内务卫生进行检查,学校也将对各寝室、各班级的卫生工作进行评比,因此各班级都很重视寝室内务卫生工作。在第一次卫生检查之前,班主任的指导显得尤为重要。万事开头难,相信第一次做好了,接下来的工作将迎刃而解。

第一次晚点评

学农期间，每天晚间都要安排 20~30 分钟的班级晚点评，每班对一天来学生的劳动、学习、收获进行总结，对第二天的安排进行动员和要求。这对学农期间的班级管理十分重要，同时也对晚点评的质量提出了很高的要求。其中第一天的晚点评工作显得更加重要，班主任老师可从"吃"（就餐情况）、"穿"（个人仪表和着装情况）、"住"（寝室入住情况）、"行"（上午的集合发车情况）等多个方面进行点评。总之，应该做到"发现亮点及时鼓励，发现苗头及时纠正"。

古语云：万事预则立，不预则废。"五个一"工作其实就是要求我们学校、班主任把工作做得更细，准备做得更充分一些。从现代管理理论来讲，"五个一"体现了工作前移和主动服务的意识，是做好学农期间班级管理工作、形成良好学农班级氛围的抓手。同时，"五个一"也符合现代管理理论所倡导的"散步式管理"，即管理者要经常到第一线，到员工当中去看看、去走走，也就是我们平时所说的"一日三转"。学农第一天到学生寝室去走走，到学生食堂去看看，和学生一起交流内务卫生工作和就寝纪律等，不仅有助于了解学生的寝室生活，融洽师生间的关系，而且能和学生产生亲密的感情，建立深厚的师生情谊。反之，如果我们只是"遥控指挥"，就不能及时了解班级动态，不能掌握班级的第一手资料，不能对班级实行及时有效的管理。

四、校外社会实践基地建设

春秋游、军训、学农是许多学校的传统项目，学校德育处还必须积极开拓、主动加强校外社会实践基地建设，为学生的社会实践提供丰富的活动菜单、精彩的实践指导，使学生更好地得到锻炼。

1. 加强统筹，设计活动菜单

近年来，各地政府加强投入，建设了不少便于中小学生开展社会实践活动的场所。德育主任要尽可能实地考察，掌握宝贵的第一手资料。

中小学生开展社会实践活动的基地可分为：

① 爱国主义教育基地：革命斗争纪念馆、会议旧址纪念馆、伟人故居、烈士陵园等。

② 科普教育基地：博物馆、科技馆、禁毒教育馆、科技示范园区、动（植）物园、海洋馆、公园等。

③ 国防教育基地：军事博物馆、青少年军事训练基地、民兵训练基地、国防教育学校等。

④ 园林艺术教育基地：植物园、公园、苗圃、农科所等。

⑤ 社区实践基地：居委会、敬老院、福利院等。

⑥ 综合实践基地：学生素质教育实践基地等。

学校应统筹安排各年级每学期有专题、有重点地到校外教育基地学习，不断积累经验，形成校外教育基地活动系列安排。

2. 精心组织，形成工作规范

为增强校外教育基地学习的效果，学校应建立以德育校长为组长，德育、教务、科研、总务等部门负责人参与的校外教育基地领导小组，承担校外教育基地的开辟、联系、建设工作，统筹安排学生到基地开展实践活动，承担路线的勘察、车辆的安排、管理人员的调配、安全监管、基地接待等相关事项。基地内的活动项目选择、管理、活动成果考核等则由德育处、年级组统筹班主任进行。

此外，学校还应组织班主任、学科教师加强研究，编制校外教育基地的活动作业。如到上海博物馆参观考察，学校编制的活动作业有博物馆基本情况介绍、活动项目菜单、具体的活动项目设计（内含活动方式、项目学习单）、考核评价方式等。

寻找龙图腾
——上海博物馆活动设计方案之一

上海市晋元高级中学　周祎

1. 活动目标：通过组织学生寻找博物馆内各种龙型图腾，使他们认识中国龙在不同展品上的不同形态，加深学生对龙图腾的认识，培养学生的民族自豪感。

2. 适合对象：高中一年级。

3. 资源配合：博物馆全馆。

4. 活动方式：小组活动。

5. 项目学习单。

龙大概是十二生肖中知名度最高又最为神秘的。华人社会，谁都知道龙，但谁也没有见过龙。然而时至今日，龙已成为中华民族共识度最高的一种标志性文化符号。请在博物馆的各个馆中寻找带有龙图腾的文物。

馆名	藏品
古代青铜馆	
古代雕塑馆	
古代陶瓷馆	
历代书法馆	
历代玺印馆	
历代绘画馆	
少数民族工艺馆	
历代钱币馆	
明清家具馆	
古代玉器馆	

6.活动评价。

就学生完成的项目学习单，采取自我评价和小组互评的方式，来评判学习成果。回校后，可将学生的学习成果进行展示交流。

3.通过实践历练提高，打造精品项目

校外教育基地建设有一个不断完善的过程。德育主任应增强在实践中不断提高并努力打造精品项目的意识。

比如，上海市晋元高级中学在进行学生暑期社区实践基地建设时，就经历了逐步发展的过程。该校先通过学生党校学员连续三年到社区挂职实践，编制了社区实践方案、社区实践手册、社区实践评分标准；然后实行全员推进。在2008年全员推进的基础上，2009年召开万二居委会工作研讨；提出了居委会课程方案。2010年召开万里片7个居委会文教干部研讨，建立了班级与居委会挂钩制度；修订了慰问信的写法。2011年举行区青保办9个街道、镇青保干部研讨；重新修订了评价方案。在召开社区干部相关会议的同时，多次召开学生、班主任座谈会，认真听取他们的意见、建议，并经常到居委会实地观察。这样不断研究，逐步形成了比较完善、可以操作的暑期学生社区实践活动方案。2011年10月，该项目被评为上海市普陀区暑期工作优秀项目奖。

由于长期的共建合作，校外教育基地对学生也非常欢迎。随着校外教育基地建设经验的日臻成熟，学校将为一届届学生提供良好的社会实践场所和成长机会。

思考题

1.安全问题成为很多学校不开展校外社会实践活动的托词。您认同这样的做法吗？在开展校外社会实践活动中，针对安全问题您有哪些切实有效的做法？

2.您所在的学校是否形成了全覆盖的校外社会活动实践基地？

第七章　打造德育品牌

一所学校在发展过程中应努力形成具有本校特色的德育品牌。这一德育品牌是指学校在长期的德育实践中，通过不断探索、研究、积累、深化，逐步形成的以先进教育理念为指引，以"育人为本"为目标，以独特而深厚的学校文化为标志，以科学而有效的运行机制为支撑，有特色、有实效、有影响的为教育界或社会所认同的德育项目。

一、培育德育品牌

许多学校都希望有本校的德育品牌。培育德育品牌，有一个发展的过程。

打造德育品牌，应该紧扣学校的办学理念。现在许多中小学在教育教学实践中形成了鲜明的办学理念。如江苏省泰州中学提出"倡导负责任的教育"的办学理念，围绕这一理念，形成了一整套"责任教育"举措。从学校办学层面来讲，就是要办对学生、对老师、对社会、对未来负责任的教育；从学校教育教学管理层面来讲，就是对教师的师德修养、教育教学行为和自身专业发展负责，对学生的个性发展、全面发展和终身发展负责；从教师层面来讲，就是要不断强化对教育事业负责任，对自己的教育教学行为负责任，对每一个学生的自主学习、健康成长与终身发展负责任的自觉意识，帮助学生增强社会责任感，掌握履行责任的知识与技能，进而创造美好未来；从学生层面来讲，就是要对自己的未来负责，学会做人、学会学习、学会合作、学会创造、学会生活,牢固树立完善自我、服务他人、回馈社会、造福人类的责任意识。紧扣办学理念,泰州中学转变观念,扎实工作,组织开展了"素质教育个十百千万工程""学生'十星'评选""人生导航""泰中六节"等活动,有力地促进了学生的健康成长。紧扣办学理念,泰州中学着力打造"责任教育"品牌,不断推进,学校优质特色发展成效显著,先后获得"全国文明单位""全国教育系统先进集体"等荣誉称号。责任教育成为该学校的德育特色品牌。

打造德育品牌,应该传承学校的办学传统。一个品牌的形成,需要时间的积淀,要经得起时间的检验。学校要遵循规律,循序渐进,注重品牌的创建过程。在长期积淀的基础上,按"整体规划,分步实施,交流提升,示范引领"的要求,稳步推进品牌创建,并不断地发展完善。德育主任是学校德育计划的策划者和执行者,一定要静下心来,踏实工作。学校应对已有的德育特色项目进行进一步的培育、提炼和升华,切实提高育人实效,并将其打造成优势项目和特色品牌,在校内外乃至更大范围内形成一定的知名度。

打造德育品牌,应该创新德育工作的形式或载体。比如,2004年4月,上海市晋元高级中学学生因身边同学罹患白血病不幸逝世,自发倡议用志愿加入中华骨髓库活动作为十八岁成人纪念。学校敏锐地认识到,这一做法具有鲜明的时代特色,是德育工作的新形式、新载体,于是积极响应。从2004年至今,已有1750余名学生志愿加入中华骨髓库,而且郑钦文、李栢宇两位同学骨髓配对成功,点燃了白血病患者的希望,在校内外产生了积极的影响。

十八岁成人仪式暨志愿加入中华骨髓库活动已成为上海市晋元高级中学的办学特色,是晋元高级中学的一张名片,也推动了学校进一步做好各项工作。

链接

高三学生十八岁成人仪式暨志愿加入中华骨髓库活动

上海市晋元高级中学 高毅芳

亮点扫描

从 2004 年 4 月起，每年高三学生十八岁成人仪式上，我校都会有一大批青年学生志愿加入中华骨髓库，用他们的爱心、用他们的责任感、用他们的实际行动记录青春，点燃白血病患者的生命之火。九年来，在"将生命融入神圣的中华骨髓库，用青春火花燃起重生希望"的精神感召下，越来越多的晋元学子投身到这项活动中，将此作为极具意义的青春印迹和成人纪念。2004 年 4 月至今已有 1750 余名高三学生光荣地成为中华骨髓库的一员。2010 年 9 月，2007 届毕业生、上海大学学生郑钦文成为我校第一个造血干细胞配对捐献成功的志愿者。2011 年 10 月，2008 届毕业生、上海商学院学生李枢宇成为我校第二个造血干细胞配对捐献成功的志愿者。爱的火种在晋元学子手中传递着。

工作目标与主要思路

为了让学生在十八岁成人之际增强社会责任意识，更好地肩负起时代的使命，我校积极做好高三学生十八岁成人仪式暨志愿加入中华骨髓库工作。

2004 年 4 月，我校的高三学生商议在十八岁成人之际，用特定的方式来作最好的纪念。一位学生提到在报纸上看到中华骨髓库迫切需要志愿者的信息。他的话引发了同学们的思考，因为身边就有身患白血病的同学，因得不到合适的骨髓配对而永远离开了大家。于是 28 名热血青年发出倡议：志愿加入中华骨髓库，以此作为自己的成人纪念。同学们希望用青春和热血为白血病患者带来希望。

学校认为在高三十八岁成人仪式时志愿加入中华骨髓库的举动，体现了学生的社会责任感，是贯彻落实民族精神教育纲要、生命教育纲要的有效形式，从国家意识、公民人格、文化认同、生命成长等角度思考，都有着积极的意义。学校认真做好每一个工作环节，从专题讲座到志愿报名，从庄重的仪式到现场取样，使志愿加入中华骨髓库的行动成为学生的自觉行动。

实施过程与方法

在九年的实践中，我校形成了规范有效的做法：

1. 讲座指导行动

每年的成人仪式前，我校都会邀请上海红十字会的医学专家到校为学生做科学讲座，让学生从科学角度了解骨髓库和骨髓捐献的意义。我们还邀请成功捐献造血干细胞的志愿者现身做讲座，让同学们了解志愿者的切身感受。

同时我们认真听取家长的意见，请家长签字，尊重家长的选择。所有的活动都是在学生自愿的情况下进行的。

2. 父母写信祝贺

在成人仪式的准备过程中，由班主任向家长发出邀请，请他们给自己的孩子写一封信，讲述自己的人生经历和成长感悟，表达对孩子的关怀和祝福。许多家长热情寄语，有的家长还充满深情地写了长诗，还有的家长用精美的书法作品表达心意。很多学生是第一次收到父母的信，这给了他们很大的鼓励，成为他们成长道路上宝贵的精神财富。

3. 师长祝福见证

在每年的十八岁成人仪式上，我们都邀请共和国功臣、劳动模范、专家学者等到校讲话。2007年我们邀请了全国师德楷模于漪，2008年邀请了知名老校友、中国工程院院士项海帆，2010年邀请了老教育工作者、上海市教育系统关心下一代工作委员会主任项伯龙。他们从自己的成长、国家的发展、民族的强盛讲起，殷切寄语，热情祝福，充分肯定学生的义举，他们亲切的话语点燃了学生心头的火炬，坚定了青年学子的理想追求。

4. 青年楷模引领

"榜样的力量是无穷的"，青年学生需要榜样来引领他们的人生之路。青年楷模为青少年选择人生的发展方向提供了鲜明的参照坐标。所以，在十八岁成人仪式上，我们积极邀请青年楷模到会，以鼓励学生奋斗、拼搏、奉献。2006年，我们邀请了全国见义勇为积极分子、青年教师杨明辉；2009年，我们邀请了"最美丽的火炬手"、全国十大杰出青年金晶。她们的到来，给学生带来了奋进的力量、成长的动力。特别是2011年，校友、晋元第一个造血干细胞配对捐献成功者郑钦文和校友、上海世博会优秀志愿者白一帆到现场参加活动，更是给学生以心灵的触动。

每次十八岁成人仪式，加入中华骨髓库志愿者光荣榜、广场中央青年志愿者的队伍、采血样的现场，都会成为人们聚焦的中心。

5. 高一奠定基础

学校从高一年级起就在团日活动、研究性课程以及学生党校活动中介绍有关知识，开展调查、研讨等活动，为学生志愿加入中华骨髓库的行动打好坚实的思想基础。

6. 教师助力学生

当然，加入中华骨髓库活动也不是一帆风顺的。尽管学校邀请上海市红十字会专家做了专题讲座，但有些家长还是顾虑重重。面对家长的不解，不少学生发出了"我已长大，请尊重我的做法"的呼声，而这时我校的一批青年教师又以自己的实际行动有力地支持了他们，倪淑慧、陈莉琳、李靖、陈宇静、戴颖超、王海鹏、刘忠礼、汪颖、骆丽竹、夏宁、缪寿红等十多位教师也志愿加入了中华骨髓库。他们为人师表的举动赢得了学生的尊重，也推动了这一活动的深入开展。

工作成效及思考

在积极志愿加入中华骨髓库的氛围中，学生彼此影响，师生互相带动，家长也被深深感动着。2008年4月，蓝天同学的家长欣然表示要加入中华骨髓库，与儿子一起"在他人需要的时候，尽自己的力"。而更多未满18周岁的学生也表示，"在年满18周岁后，一定去采血样，完成自己的心愿"。2008届学生孙嘉睿在校期间未满18周岁，她在升入大学以后，在2009年主动提出回到母校参加下一届学生的成人仪式，并在仪式上加入中华骨髓库。

在越来越多的学生志愿加入中华骨髓库时,也有个别质疑的声音响起,比如学校是不是在做秀,学生会不会把庄严的承诺视为儿戏。对此,王丽萍校长指出,长期以来,我校扎扎实实抓德育,"将军精神永弘扬"校名教育、"追寻前辈的足迹"红色之旅考察、"社区点亮生活"学生社区实践活动、"每周精彩第一课"的国旗下讲话等多项德育工作扎实推进,德育的效果内化为每位学生的言行,志愿加入中华骨髓库的选择是在晋元文化浸润下的庄严承诺。这不是做秀,我们的学生也绝不会把庄严的承诺视为儿戏。2010年9月,我校2007届毕业生、上海大学学生郑钦文;2011年10月,我校2008届毕业生、上海商学院学生李桓宇先后成为造血干细胞配对捐献成功的志愿者,为志愿加入中华骨髓库活动交出了最出色的答卷。

在造血干细胞捐献配对比试抽血样的现场,当医务工作者问郑钦文是在什么时候萌发加入中华骨髓库的愿望时,郑钦文爽朗地说是在高中时,大家脱口而出:"那你一定是晋元高级中学的。"

"18岁的承诺植入地下,会成长百年的绿杨。"晋元学生以志愿加入中华骨髓库的行动作为成人纪念,从2004年的28人到现在的1750余名志愿者,十八岁成人仪式及志愿加入中华骨髓库已成为学校德育工作在高中最后阶段成果的重要体现形式。九年来,很多市、区领导亲自到场,为这批年轻而勇敢的志愿者喝彩,《文汇报》《解放日报》《上海教育》等许多新闻媒体也做了相关的报道。晋元十八岁成人仪式及志愿加入中华骨髓库已成为晋元高级中学有影响力的德育品牌。

二、申报德育品牌

现在,许多地市、区县教育局为了推进创建德育品牌工作,开展了学校德育品牌评定、"一校一品"德育品牌的申报活动。德育主任应在校长的指导下，积极做好德育品牌申报工作。

首先，要在前一阶段工作的基础上，认真梳理工作的亮点、特色，突出"人无我有，人有我优，人优我特，人特我久"，写好总结文章。

其次，要做必要的宣传。所谓品牌应该是有一定社会影响力和美誉度的。学校应有意加强宣传。必要的宣传，不仅可以扩大品牌的美誉度，还可以促使自身思考怎样做才能做得更好。但宣传不是关键，关键是工作本身的扎实程度和影响力。

最后，一定要在规定的时间内认真填写申报材料。

德育处工作繁多，但申报一定要按要求及时完成。由于多种原因，有时申报可能未获成功，德育主任应向学校领导汇报，召开会议，仔细分析存在的问题，研究改进措施，争取在今后申报成功。

三、发展德育品牌

德育项目形成品牌后（这种品牌，或是教育主管部门的认定，或是教育界、社会的口口相传），学校应继续加强研究，调整、充实、完善，使德育品牌更好地发挥育人功效。

就以校名教育来说，每所学校都有校名。如何用好校名资源，需要学校用心思考。许多校名有着感人的故事，承载着当地人民对杰出人物的纪念。以江苏为例，在淮安有吴承恩中学，纪念《西游记》作者吴承恩；在常熟有王淦昌中学，纪念核物理学家王淦昌；在丹阳有吕叔湘中学，纪念教育家吕叔湘；在金坛有华罗庚中学，纪念数学家华罗庚。在全国各地更有许多中山中学、中山小学、行知中学、行知小学和雷锋中学、雷锋小学，纪念革命先行者孙中山先生、人民教育家陶行知先生和全心全意为人民服务的楷模雷锋。讲述他们的故事，学习他们的思想，是许多学校一直坚持在做的。

许多校名还寄托着办学者的思考，如格致中学、位育小学、育才中学、春晖中学、晨曦小学、弘文中学。

由于时光的流逝,校名教育如何保鲜,如何吸引学生、真正走进学生的心灵显得更为重要。在浙江省玉环县有一所小学,名为"林森火小学",是全国著名少年英雄林森火的母校。说起林森火,可能许多人都不熟悉。他是新中国刚成立时闻名全国的少年英雄,1950年11月在一次战斗中不幸英勇牺牲,同年当地人民为其修建了烈士墓,中央人民政府主席毛泽东为他颁发了"革命英雄纪念证"。1985年,他的事迹被载入《中国现代少年英雄传》,是全国十三位著名的少年英雄之一。作为英雄的母校,该校不断开展学习少年英雄林森火的活动,积极开展以"林森火后代在行动"为核心的"12345"工程建设,教育学生做林森火式的好少年,让林森火精神深入人心。新生入学时,学校就组织学生观看电视剧《大海与少年》、参观林森火纪念馆,随着年级的增长,逐步开展阅读《少年英雄林森火》,演讲、朗诵等学英雄活动。他们还结合时代的发展,不断赋予学习林森火以新的形式,如在开展雏鹰争章活动时,学校设立了雏鹰必修章、选修章,还设立林森火铜质奖章、林森火银质奖章、林森火金质奖章,并进一步将队员荣誉与中队考核结合起来,形成选标→定标→追标→达标→再换标→再追标的主动发展的局面。这样的创新活动受到了学生的热烈欢迎。同时,该校还思考如何改革和完善雏鹰活动的内容、推进雏鹰活动网络化,如何"突现自主、尊重个性、倡导探究",改革雏鹰活动的模式,赋予新时期林森火精神以新的内涵,使林森火精神紧扣时代,联系社会,与时俱进。

校名资源深挖掘　　将军精神永传扬

上海市晋元高级中学　丁如许

我校是以抗日英雄、爱国将领谢晋元将军的名字命名的学校。谢晋元

（1905—1941）字中民，广东蕉岭人。1937年淞沪战役中，他率部四百多人（为迷惑敌人，壮我声威，号称800人，后被称为"八百壮士"）与日军激战四天四夜，毙敌二百多名，掩护了大部队的后撤，谱写了抗战史上极为壮烈的一页。毛主席曾题词："八百壮士，民族革命典型。"抗战胜利后，为纪念谢晋元将军，四行仓库附近的华童公学改名为晋元中学。新中国成立以后，我校虽几经迁移，但作为承载着抗日英雄、爱国将领谢晋元将军英名的学校，一直高举爱国主义教育大旗，开展着继承和弘扬谢晋元将军民族精神的活动。近年来更形成"将军精神永传扬"的德育品牌。

一、确定新角度，使活动有新意

作为以谢晋元将军的英名命名的学校，我校每年新生入学第一课就是学习谢晋元将军和八百壮士的英雄事迹。同时，根据中国人逢五、逢十开展纪念活动的特点，我校每年都会选择切入点，有计划地开展纪念谢晋元将军的活动。如逢"0、5"年，从纪念谢晋元将军诞辰（1905年4月26日）或抗日战争胜利（1945年9月3日）切入；逢"1、6"年，从纪念谢晋元将军为国捐躯（1941年4月24日）切入；逢"2、7"年，从纪念谢晋元将军率部进行"四行仓库保卫战"（1937年10月26日至30日）切入；逢"3、8年"，从纪念孤军营升旗事件（1938年10月）切入；逢"4、9"年，从纪念晋元中学成立（1904年9月）切入。

如2005年4月26日，是谢晋元将军诞辰100周年纪念日。我校举行了隆重的纪念活动。中共普陀区委统战部部长夏斯德、中共普陀区委宣传部副部长吴凌昱、普陀区教育局副局长詹伯安，民革市委、市黄埔军校同学会、民革普陀区委的负责人，谢晋元将军的亲属谢继民及台湾地区友人、老校友代表、师生代表等80人与会。与会者先敬谒谢晋元将军铜像，然后观看专题片《谢晋元在1937》，并举行座谈会。大家纷纷缅怀谢晋元将军的英雄业绩，表达向谢晋元将军学习、为振兴中华而奋斗的决心。活动期间还举行了普陀区爱国主义教育基地——谢晋元将军铜像的揭牌仪式。

二、运用新形式，使活动有实效

为了使纪念谢晋元将军的活动开展得更有实效，近年来，我校探索用诗歌、摄影、书法、绘画等多种形式纪念谢晋元将军。2006年清明，我校尝试用诗文展板祭奠谢晋元将军。2008年4月4日，我校师生代表为谢晋元将军扫墓，与往年不同的是，来自高一年级12个班的学生代表吟诵了自己创作的诗，深情地表达了对谢晋元将军的敬意。如高一（4）班曹永萍同学在《清明随想》中写道：

清明，春雨霏霏洒下
四月的天气
勾起所有过去的肃然
忧伤的季节里弥漫着庄重

在这历史的长河中
回眸已逝去的英雄
是千万人心中的神将
是点燃大地的圣焰

江流涌地，日月经天
战火纷飞，尸横遍野
鲜血染红了军装
八百壮士守卫四行仓库

完成了自己的使命和职责
悲壮的战争永存于记忆中
铭记心中的是他们涅槃的英勇
长江大流不会卷没他们的身影

清明，升腾起一股难以名状的感伤

涌起无法冲淡的感伤
心中默哀
烈士的坚毅，依旧

一首首诗拨动着学生们的心弦，炽烈的情感在心中升腾。近年来我校指导学生用诗词祭奠谢晋元将军的做法得到了墓区管理方的高度赞誉。墓区管理方特意与我校结成共建单位。

2010年9月，我校举行了"抗日战旗红"——纪念中国人民抗日战争胜利65周年暨新学期开学典礼。刚经过军训洗礼的高一全体学生，以气势磅礴的诗朗诵《歌八百壮士》揭开序幕。接着，学生代表深情朗诵了2007级、2008级、2009级学生创作的纪念谢晋元将军和"八百壮士"的诗篇。这种带有文化积淀的纪念形式震撼了每一位师生，收到了很好的教育效果。

2011年11月，我校又汇编了收有几届学生诗作精品的《晋元中学缅怀谢晋元将军诗选》。

三、抓住新线索，使活动有深度

在开展活动的过程中，我们特别注意捕捉新的线索，以增强教育的历史厚重感。

2007年8月13日，正值淞沪抗战70周年纪念日，当获悉"八百壮士"之一的王文川老人到上海时，我校师生代表特意赶往淞沪抗战纪念馆走访了他。王文川老人是"八百壮士"中目前在世的三位老人之一，那年他特意从北京赶来上海参加淞沪抗战70周年纪念活动。虽然已九十高龄，但坐在轮椅上的他依然精神矍铄。王文川老人深情地回忆起当年的战斗情景——他们在驻守仓库之前就备足了粮食，作战时不分白天黑夜，十分艰苦，但由于人数上的劣势，最终寡不敌众。他还动情地谈起谢晋元团长。他说，谢团长不但是他的长官，更是他的师长、大哥。在战斗的岁月里，他们结下了深厚的友谊。他还委托学校师生在清明祭扫的时候，代他向谢晋元将军献上一束花。

2009年1月21日，我校师生代表又前往海滨二村慰问"八百壮士"之一的郭兴发老人。学生们热情地献上鲜花、水果，向老人致以节日的问候，衷心祝愿他身体健康。师生们向郭兴发老人介绍了学校每年新生入学第一课就是学习谢晋元将军和"八百壮士"的英雄事迹，介绍了学校开展学习"八百壮士"的系列活动，老人家频频点头。临分别时，郭兴发老人向学生们提出了"要好好学习，不负谢晋元将军英名"的希望。

走访王文川、郭兴发两位老人后，我校均安排了国旗下讲话，由走访的学生代表向全校同学介绍他们的感受。2009年11月2日，郭兴发老人因病逝世。我校第一时间获悉他去世的消息后，就组织高一年级各班班长到老人家中吊唁，王丽萍校长还特意嘱咐送上唁金，以表达慰问。2009年11月4日下午，郭兴发老人的追悼会在宝山区殡仪馆举行，我校张哲人书记率学校师生代表参加了追悼会。郭兴发老人遗像的两旁悬挂着由我校姜炜老师撰、高二（1）班张旭煜书写的挽联"守土御侮战淞沪，士称八百；亮节高风慰平生，魂归四行"。会上，学生代表、高二（7）班班长奚燕致悼词。《青年报》连续三天报道了人们对"八百壮士"郭兴发老人的缅怀，也报道了我校参加悼念活动的情况。

为进一步加强爱国主义教育，我校从知我校名入手，多方收集线索，开展"抢救性"走访"八百壮士"老战士活动，丰富了宝贵的校名资料，凝聚成晋元中学宝贵的精神财富。

四、开拓新途径，使活动有广度

在长征镇2008年暑期工作预备会上，我校提出，学校资源要融入社区教育，欢迎社区属地学校到校参观。在长征镇青保办的指导下，2008年暑期，我校接待了进华中学、梅川中学、长征中学、长征中心小学、曹杨小学等5所学校二百多名师生到校瞻仰谢晋元将军铜像，观看《谢晋元在1937》和《晋元中学爱国主义教育基地建设巡礼》的影碟，听取晋元中学近年来的活动介绍，师生们受到了深刻的爱国主义教育。

这些年来，我校还先后接待了曹杨中学、东方曹阳中学、建德学校、新普陀小学等十多所学校六百多名师生到校瞻仰谢晋元将军铜像，我校的学生志愿者还向到校的师生介绍了谢晋元将军的生平。

与此同时，我校认真做好来自我国香港、台湾地区及新加坡等地的学校缅怀谢晋元将军的接待活动。在校园里，经常传诵着两岸同胞血浓于水的故事，经常回响着"中国一定强"的嘹亮歌声。

2009年9月，学校百年校史陈列馆落成，其中谢晋元将军及"八百壮士"坚守四行仓库等内容得到进一步丰富充实。如今，谢晋元将军已经成为我校最具特色的教育资源，每一个晋元的学子都为自己和将军有着一段特殊的"情缘"而感到自豪。

思考题

1. 您所在的学校是否形成了有一定影响力的德育品牌？如果有，请与我们分享；如果还没有，您打算如何去做？

2. 德育品牌如何创新，如何保鲜？对此您有哪些主张？

第八章　加强家校合作

前苏联著名教育家马卡连柯指出:"不可以说家庭可以随意教育儿童,应当组织家庭教育,作为国家代表者——学校,应该是这个组织的基础。"在学校德育工作中,德育主任应指导班主任积极开展家访、办好家校联系册、开好家长会,同时还应该做到以下几点。

一、组建家长委员会

《中学德育大纲》在提及家校合作教育的多种形式时指出,要"组建家长委员会,推进家庭教育"。《国家中长期教育改革和发展规划纲要(2010—2020)》进一步明确要"建立中小学家长委员会"。学校要做好家长的工作,就应该积极组建家长委员会。

家长委员会应该有三个层面,即班级、年级和校级。

德育处首先要指导班主任组建班级家长委员会。

班主任应通过家访、班级家庭联系册、家长会,以"自荐""互荐"的方式,征询家长的意见,在这样的基础上,成立班级家长委员会筹备小组。

班级家长委员会的人选应具有广泛的代表性,可从学生类型、居住区、家长职业、性别等不同角度予以考虑。班级家长委员会的人数不宜过少,以家长总人数的三分之一为宜,以便于召开会议、商讨工作。

班级家长委员会的主要人选应具有较强的权威性,应充分考虑到家长的素质、工作积极性等因素。

1. 适宜人选

适合担任家长委员会主任、副主任的人选有三类：

（1）"党代表"。

所谓"党代表"是指党的基层单位的负责人。相比于基层单位的行政管理干部，他们工作应酬少些，同时他们也有着比较丰富的管理经验。

（2）"全职太太"。

在经济发达地区，一种新的家庭角色正在出现。那就是"全职太太"，她们大多具有良好的教育背景，由于家境良好以及对教育的重视，所以她们愿意退居家中，相夫教子。她们有时间、有精力、有能力对教育进行较多的研究。

（3）"志愿者"。

用"志愿者"一词，是因为这样的提法有较大的包容性，可以吸纳更多的家长参与家长委员会的工作。

班主任与班级家长委员会筹备小组通过一段时间的筹备，提出班级家长委员会的候选名单。由筹备小组组长在家长会上向全体家长介绍筹备的过程以及候选人的情况，候选人（特别是主要候选人）应发表讲话，然后由全体家长投票表决。表决通过后家长委员会的主任、副主任再做即席演讲。

2. 如何开展工作

要使班级家长委员会正常地开展工作，应做好以下几点：

（1）要制定班级家长委员会的章程。

明确班级家长委员会的组织形式、工作准则、主要职能。

（2）建立例会制度。

每学期可召开2～5次工作会议。2次，是上半学期、下半学期各1次；5次，是每月1次。经常研究情况，商讨问题。

（3）制订切实可行的工作计划。

根据班级情况，确定每学期的工作重点。工作计划要注意可行性，可围绕确定的工作重点，开展 4～6 次具体活动。

班主任在班级家长委员会中的身份，以"顾问"为宜。作为"顾问"，班主任要"顾"要"问"，要切实负起责任。

年级家长委员会由各班家长委员会主任委员组成，由年级组老师负责联系和指导。

建议每学期举行 1～2 次年级家长委员会活动。如果学校规模比较小，建议每班出 2～3 位家长参加年级家长委员会的工作。一般来说，年级家长委员会成员不宜少于 10 人。

学校家长委员会由年级家长委员会的代表组成。一般来说，一个年级派出的代表不应少于 5 人。由于学校家长委员会成员来自不同的年级，建议小学学校家长委员会主任由中年级家长委员会主任担任，初中、高中家长委员会主任由二年级家长委员会主任担任。德育处负责学校家长委员会的联系和指导。

3. 工作会议议程

德育处应每学期召开学校家长委员会工作会议。学校家长委员会工作会议的议程为：

① 介绍与会的学校领导。

② 介绍学校家长委员会委员。

③ 学校家长委员会主任讲话。

④ 听取学校领导工作汇报。

⑤ 研讨学校工作。

⑥ 讨论本学期工作计划。

要做好家长委员会工作，学校应协助选好家长委员会主任、副主任。应鼓励家长委员会主任、副主任创造性地开展工作，可发放家长委员会委员通讯录，建立家长委员会学校视导制，开展多项调查活动、举办专题讲座等。

现在有的学校已为家长委员会提供办公场所,实现驻校工作制。这是值得借鉴的。

二、办好家长学校

怎样提高家长对学生的教育水平,是许多学校提高教育质量的研究课题之一。办好家长学校就是其中一个重要的举措。

1. 提高对家长学校的认识

要做好工作,必须提高对这项工作重要性的认识。有些学校的校长或德育主任认为开办家长学校难,费力不讨好。其实,家长学校是联系学校教育与家庭教育的桥梁,沟通学校和家长之间的良好平台,是学校管理工作的有机组成部分。不少家长或监护人自身的认识、素质需要提高,要教育好孩子,应先提高家长的素质。而办好家长学校,也是广大家长的需要。因为现在大部分孩子是独生子女,家长缺乏教育子女的经验,所以不少家长也希望得到指导和帮助,以提高教育水平。

2. 建立健全工作机构

要办好家长学校,加强领导,建立健全工作机构是前提。家长学校应设校长一人(由校长担任)、教务主任一人(由德育主任担任),学校家长委员会作为家长学校的顾问机构。家长学校的教师分外聘教师和本校教师两部分,学校根据需要聘请专家、学者、教育工作者等作为外聘教师做专题讲座、开展咨询活动;本校各班班主任和任课教师担任家教辅导员,具体负责对家长进行辅导。家长学校教务处应制订好家长学校学期工作计划,排好课表,定期或不定期地举办家教辅导班。要安排专人负责检查,班主任和任课教师具体负责对家长进行考勤、辅导和收集反馈信息。

家长学校的课程设置要结合本校实际，注重针对性和实用性，教学时间的安排要灵活，保证家长参加率高。一般每月利用双休日举办一次，时间以一个半小时为宜。提前通知家长并要求做好准备，使家长到家长学校有话可说，有事可做，有备而来，有所收获。

3. 建立健全管理制度

要办好家长学校，必须建立健全各项管理制度。做到有校牌、办公室、教材、考勤簿、会议记录、辅导教案、活动记载等；有稳定的教师队伍，以本校教师为主，适当聘请校外辅导员；定期或不定期地辅导家长，保证每学期活动4次以上；定期评选"优秀学员家长"。根据以上工作设想，学校应制定《家长学校校长职责》《家长学校教务主任职责》《家长学校辅导员工作职责》《家长学校学员守则》《优秀学员家长表彰方法》等规章制度。

学校应将家长学校管理的成效纳入学校管理的统一考核，加强对学校管理人员和教师的考评，将考核结果与津贴、奖金等直接挂钩，以提高教师工作的积极性。

4. 开展形式多样的活动

家长学校是业余性学校，这就决定了家长学校必须灵活地开展形式多样的研究活动。课程设置要灵活，在辅导时间、次数上，以不影响家长的工作为前提；在辅导方法上，以讲座、交流、咨询、阅读相结合，集中学习与分散学习交叉进行（可分别以校、年级、班级为单位）。

家长学校的活动涉及方方面面，应该遵循的原则是要有益于中小学生健康成长。可以组织学习有关法规条例，比如《中华人民共和国教育法》《中华人民共和国未成年人保护法》《中华人民共和国预防青少年犯罪法》等的相关章节；邀请教育专家、模范人物做专题报告；学校领导或班级老师做学校管理、教育教学工作汇报；组织家长交流教育子女经验；推荐介绍优秀家教读物；开展问题研讨；征求家长对学校教育教学等方面的意见和建议；举办学生优秀作业展览；评选表彰家长学校优秀学员，等等。

现在许多学校还积极创新家长学校的活动形式，如举办"亲子活动"，安排家长与孩子一起参加活动；开设网上"家校联系箱"，及时收集家长对学校和教师的意见、建议；开设"家长热线"，倾听家长心声，解答家长疑难；举行"家庭才智展示"，张贴孩子的优秀作业和家长的字、画、文章等。

5. 家长学校管理注意事项

家长学校开展的各项工作，应从学校的实际出发，从家长的实际出发，注重指导性，做到有的放矢。家长学校活动可与家长会、家长开放日活动有机结合。

在管理家长学校的过程中，要尊重学员家长，他们既是学员，又是学生的家长。教师应与他们共同学习，多指导他们"应该做什么""如何做"，不要训斥他们"不准干什么""不能干什么"。

班主任对学员家长进行辅导时，要做到深入浅出，并及时收集信息，及时调整教学内容和方法。可对学员家长予以表彰和奖励，激发他们继续学习的热情。

三、建设家长资源库

学校的一项重要资源是家长资源。随着时代的发展，家长的素质有了较大的提高，他们有着较好的文化背景，专业特长更加多样。学校应调动家长的积极性，使他们重视、关心和积极配合、参与学校教育活动。学校应重视建设家长资源库，并在学校工作中积极发挥家长的作用。

1. 家长资源库的形成

学校家长资源库有一个建设的过程。首先是家长资源库的形成，其主要来源有三种：

① 班主任家访：班主任家访时既访学生，又访家长；了解家长的学识修养、教育子女的水平等，对学有建树的家长，了解其所长，积极向学校推荐。

② 家长委员会推荐：班级家长委员会在工作中发现优秀家长，向学校推荐。

③ 学校征集：学校可根据工作需要，在家长会、校园网上发布消息，征求能胜任有关讲题的家长。

通过以上渠道，学校可积极建设"校园百家讲坛"的家长资源库。

2. 家长资源的类型

中小学"校园百家讲坛"家长资源库可以分为以下类型：

（1）家长讲坛。

① 家庭教育专题讲座。家庭教育需要"传帮带"，教子有方、教女有术的优秀家长的现身说法，最具有实效性。

② 教师素养专题讲座。教师平时忙于日常教学，又需要经常充电，以保证与时俱进。学有专长、术有专攻的家长可以扬其所长，帮助教师提高素养。这样的资源或许不多，但效果是相当好的。

（2）家长进课堂。

家长来自社会的各行各业，相对于教师和学校，家长具有不可取代的专业优势。邀请家长进课堂，他们不仅可担任班会课的讲授任务，而且可担任文化课的讲授任务。

家长资源融入学校课程建设，不仅拓展了校本课程资源，也为教师开阔了视野，有利于在对学生的教育教学中深化内涵，提升品质。

3. 家长课程资源的开发与实施

（1）宣传沟通。

虽然可以通过班主任家访、班级家长委员会推荐征集家长课程资源，但学校必须加强宣传。学校应通过家长问卷、家长座谈、校园网等多种方式宣传学校在教育教学与学校建设方面的理念与措施，同时征集家长课程开发的"志愿者"，根据反馈信息，组建家长课程资源库。

（2）加强课程指导。

由于家长的职业背景不同，成为学校家长资源库的家长如何给家长、学生、学校教师等不同对象上好课，也是需要研究的。德育处应与授课家长加强交流，增强讲授的针对性，提高效果。同时德育主任要认真听课，并在课后与授课家长进行讨论。

（3）及时表扬奖励。

许多中小学校正在创办的"百家讲坛"是一个新生事物。学校应激励家长参与，激发家长的成就感。对在资源库工作中做出突出成绩的家长，学校应及时肯定；对特别热心教育、水平又高的家长，学校可吸纳其到学校的顾问委员会，使他们在学校管理中发挥作用。

（4）建立长期联系。

由于家长资源的独特性和宝贵性，建议学校与被列入教育资源库的家长建立长期联系，在适当的选题上邀请他们担纲。这样经过一段时间的积累，就可以形成稳定而丰富的家长教育资源库。

链接

上海市长征中心小学家长志愿者资源库（2011年）

上海市长征中心小学　臧小东

课程名称	班级	志愿者	专业
少儿瑜伽	一（1）	李妈妈	健身
艺术插花	一（1）	张妈妈	家居布置
京剧	一（1）	张妈妈	戏曲

续表

课程名称	班级	志愿者	专业
音乐欣赏	一(2)	聂妈妈	艺术
消防安全	一(3)	王爸爸	消防
色彩搭配	一(3)	陈妈妈	服装设计
金融中心建筑	一(4)	庄妈妈	建筑设计
卡通英语	一(4)	郑爸爸	英语学科
塑钢门窗的制作原理	一(4)	张爸爸	建筑
DIY 烘焙乐	一(5)	于妈妈	食品制作
DIY 烘焙乐	一(6)	吴妈妈	食品制作
足球运动	一(6)	陆爸爸	体育运动
商品流通知识	一(6)	李妈妈	商务
植物探秘	一(7)	张妈妈	环境生态
走进公安博物馆	二(1)	方爸爸	警察
太太乐鲜味之旅	二(2)	徐妈妈	食品制作
应急救护	二(2)	季爸爸	医护
趣味围棋	二(2)	焦爸爸	围棋
我是小导游	二(5)	张爸爸	旅游
礼仪	二(5)	顾妈妈	空乘
巧手编织	三(2)	王妈妈	手工制作
花卉园艺	三(2)	吴妈妈	园艺
纳米世界	三(2)	王妈妈	科技
健康一二一	三(3)	余妈妈	医护
摄影	四(5)	苏外公	摄影
鱼跃人生	四(5)	王爸爸	金鱼养殖
曼可顿面包之旅	四(5)	吴妈妈	食品制作

课程名称	班级	志愿者	专业
理财	五（1）	梁爸爸	金融
交通安全		闻警官（交警四中队）	交警
农科院科普探索之旅		王阿姨（上海市农科院）	现代农业

说明：

1. 以上授课资源为全校共享。

2. 为尊重家长，表格中未出现志愿者姓名，用"王爸爸""吴妈妈"等代替。

思考题

1. 您所在的学校是否建成了校级、年级、班级的三级家长委员会？它们的工作正常吗？

2. 您所在的学校在家校合作教育工作上还有哪些好的做法？

第九章　加强心理健康教育

良好的心理素质是人的全面素质中的重要组成部分。心理健康教育是提高中小学生心理素质、实施素质教育的重要内容。中小学生正处在身心发展的重要时期，随着生理、心理的发育和发展、社会阅历的扩展及思维方式的变化，特别是面对社会竞争的压力，他们在学习、生活、人际交往、升学就业和自我意识等方面，会遇到各种各样的心理困惑或问题。因此，在中小学开展心理健康教育，是学生健康成长的需要，也是推进素质教育的必然要求。

对于在中小学开展心理健康教育，教育部相关文件做了明确的工作布置：要求将学生心理健康教育"全面渗透在学校教育的全过程中。在学科教学、各项教育活动、班主任工作中，都应注重对学生心理健康的教育，这是心理健康教育的主要途径"。德育主任应重点做好以下工作。

一、建立制度保障

要做好学校的心理健康教育工作，必须要加强制度建设。对许多学校来说，心理健康教育还处于起步阶段。因此从整体规划，建立健全心理健康教育的各项制度尤为重要。常见的制度有管理制度、培训制度、心理危机干预制度、心理健康教育档案制度、检查评比制度等。

学校心理健康教育的制度保障

上海市七宝中学 杨敏毅

心理健康教育是我校的一大特色，我校曾获得中国教育学会学校心理辅导专业委员会授予的"全国心理辅导特色学校"、全国中小学心理健康教育"十佳"学校和上海市中小学心理协会授予的"心理辅导示范校"等荣誉称号。

学校重视心理健康教育的各项制度建设，通过建立和健全心理健康教育的各项制度，为学校心理健康教育持续有效开展提供制度保障。

一、管理制度

学校建立健全了心理健康教育中心的各项管理制度，先后制定了心理健康教育中心管理制度、心理咨询预约制度、保密制度、心理个案跟踪辅导制度等，为心理健康教育的科学开展提供管理上的支持。

二、培训制度

学校坚持对学校的心理教师和全体教师进行心理健康知识和技能等方面的培训。自2003年开始，学校就对全体教师开展教师心理成长工作坊团体心理培训。2012年学校组织全校教师参加"健康教师、阳光课堂——教师心理健康教育专题"系列培训，教师们运用心理学的理论和方法，结合教育教学实际，每位教师认真写出"心理健康教育感悟"的案例。

三、心理危机干预制度

学校构建了学科教师（班主任）—心理专职教师—心理专业咨询和治疗机构组成的三级学生心理危机预防体系。借助16PF人格因素心理测量，为所有学生建立心理档案，在普遍筛选的基础上，确定重点关注对象，建立学生心理危机预防体系。三位心理教师分别负责三个年级中存在心理偏差、性格缺陷、情绪异常、行为障碍等心理问题的学生的追踪观察、心理咨询或转介治疗。学校还依托"爱生节"和学生成长导师制,让每位教师跟五类困难学生(学习困难、家庭经济困难、行为偏差、心理困惑、单亲子女)进行一对一的结对,对有心理困惑的学生进行适时、适度的有效帮助。

对转介医疗机构进行心理治疗的学生,根据实际情况向教务部门提出休学、复学或退学建议。对治疗后再度回校学习的学生,做好跟踪式关注和心理辅导,让其安全、顺利地度过高中阶段的学习生活。

四、心理健康档案制度

学校持续10年对学生进行心理测试,并为每位学生建立了心理档案。每学年第一学期,高一全体学生进行《16PF人格因素心理测试》,对测试结果进行调研分析,对特殊学生进行跟踪关注。第二学期,对高一全体学生进行《霍兰德职业兴趣测试》,为学生的人生导航设计提供参考。

二、加强队伍建设

要做好学校的心理健康教育工作,就必须要加强队伍建设,要建设好学校专、兼职心理教师队伍。专职心理教师指心理教师。心理教师是心理学专业毕业或经过系统学习、获得国家心理咨询师资质的专业人员。德育主任要尊重他们,调动他们工作的积极性。兼职心理教师是指班主任和任课教师。要提高班主任和任课教师心理健康教育的意识和水平,使他们与专职心理教师一起做好心理健康教育工作。

1. 促进观念转变

由于班主任在学校工作中处于教育者的位置,所以常让人感觉其高高在上,德育处应通过大小会议提醒班主任:

(1)了解学生心理特点,尊重学生人格,与学生建立和谐、平等、民主、相互尊重的师生关系。

班主任应了解学生的心理特点，注意培养学生乐观、宽容的性格以及抗挫折能力，尊重学生的人格。

要努力建立和谐、平等、民主、相互尊重的师生关系，拉近与学生的心理距离，就要经常设身处地地为学生着想，增进对学生的理解。只有心理距离近了，才能拉近空间距离。

（2）注意张扬学生的个性，培养学生独立思考的意识和创新精神。

班主任在班级管理中，应为学生搭建施展才干的平台。比如布置教室时，班主任要认真听取学生的意见、建议，鼓励他们思考好的创意来布置教室。比如，"心愿树""祝福卡""学生名言"等都是学生的金点子。而班会活动，更是学生大显身手的好机会。

（3）采取多鼓励、少批评的教育手段，不对学生实施体罚、变相体罚或心理惩罚。

心理惩罚如设"惩罚座位"、要求"全班不和某某学生说话"等，有可能造成学生心理发育不良。

（4）注重与学生的情感交流，实现教育的情感化。

"感人心者，莫乎于情。"班主任应主动找学生个别谈话，开展书信交流、网络交流等有助于增进师生感情、拉近师生间距离的活动，注意在日常小事中寻找有利于师生情感交流的线索。

链 接

教师心理品质的提升和优化

上海市七宝中学　杨敏毅

教育的本质是健康人格的塑造，教师的人格和心理健康状况直接或间接地影响着学生的人格和心理健康。因此，学校在关注学生心理健康的同时，更要注重教师心理品质的优化和提升。通过提高教师关心学生心理健康成长的意识，减少学生师源性心理问题的出现。通过教师心理成长工作坊、教师阳光体育、教师沙龙等多种方式和活动，促进教师的身心健康，大力打造"大气、品味、激情、进取"的魅力教师，提升其职业幸福感。

一、开展"教师心理成长工作坊"校本培训，促进教师心理成长

"教师心理成长工作坊"是针对教师自身存在的心理困惑和在班级管理、课堂教学、师生关系等方面的心理需求，借助心理健康教育中心教师与外聘专家团队，运用团体心理辅导原理与方法设计课程，分批对全体教师进行心理培训。培训分初级班和中级班，培训主题各有侧重。

从2003年1月开班至今，我校已举办11期，参加培训的教师达400余人次。培训以"轻松体验、深沉感悟、真实成长"的效果深得教师们的青睐，不仅改变了教师的工作理念，优化了教师的教育手段，也促进了教师个人心理成长，提升了教师人格魅力，教师们的心理健康水平、心理辅导技能和效果明显增强。

二、借助教师阳光体育和文化沙龙平台，优化教师心理品质

学校借助工会的平台，开展教师阳光体育和文化沙龙建设。为了促进教师的身体健康，学校为每一位教师提供了阳光体育课程。每位教师在工作期间，可根据自己的年龄特点、兴趣爱好、能力特长，分别参加一项体育活动和文化沙龙，原则上每周一次，每次90分钟。

阳光体育课程有组织、有计划、有教练、有考核，目前开设的体育项目有游泳、太极拳、韵律操、羽毛球、乒乓球、足球、篮球、健身走、斯诺克台球、棋牌、钓鱼等11项。

同时为了丰富教师的精神和文化生活，学校组建了声乐、钢琴、国画、美食、DIY俱乐部、陶艺、摄影、读书写作、亲子教育、形象礼仪等十几个教师文化沙龙。

阳光体育课程和教师文化沙龙在丰富教师课余生活之余，让教师在健身的同时修身养性，滋润心灵，促进了教师的身心健康，提升了教师的心理幸

福感。

三、举办教师家教沙龙，创建教师幸福家庭

关注教师家庭教育，特意组织"祝你的孩子早日成才"教师家教沙龙，帮助教师解决家庭教育的困惑。对教师来说，自己的孩子是否成才，影响着整个家庭的幸福感和个人成就感。家教沙龙运用团体动力学理论和团体心理辅导的原理，通过案例分析、游戏体验、影片赏析、感悟分享、经验交流等形式，帮助学员掌握心理自我调适技巧，走出家庭教育的误区，优化家庭教育方法，提升亲子沟通能力，提高学员家庭教育的能力和效果，让他们拥有教子有方的成功感，收获和谐家庭、幸福人生。

每年的六一儿童节和元旦，家教沙龙都会组织亲子活动，给教工子女学习的机会、展示的舞台和发展的空间。

2. 举办心理讲座

心理学研究在不断发展，班主任在教育实践中必须不断充电。学校应经常举办心理讲座活动，让老师们了解心理学研究的新成果，学习优秀教师的成功案例，重温心理学的基本原理。可以邀请专家、优秀教师到校做讲座，也可以组织观看讲座录像。

在现实生活中班主任教育压力大、工作负担重，德育主任还必须关注他们的心理健康，鼓励他们自我诊断、自我调适，以良好的心态面对工作、面对学生。

3. 开展心理个案研讨交流

随着认识的不断提高，人们发现一些问题学生原来是患有心理疾病。德育处应加强对个案的分析研究，通过研讨会、班主任会议提高大家对个案的认识，积极、稳妥地解决学生的心理问题。像强迫行为、考试焦虑、青春期综合征这些心理问题，都可以通过个案研究形成有效的对策，达成共识。

4. 建立心理偏差学生档案

德育处应指导班主任建立心理偏差学生档案，对有心理困惑的学生进行跟踪辅导，具体问题具体分析，从而有效地解决学生所遇到的问题，帮助他们顺利地完成学业。

但由于心理偏差学生教育、转化的复杂性，对有严重心理障碍的学生，班主任应建议家长联系心理教育咨询机构，寻求专业的帮助。

5. 提高家长的教育水平

班主任在工作中要指导家长了解子女在各个时期的心理特点，以发展的眼光看待孩子。德育主任应鼓励班主任采取飞信、QQ、电子信箱等便捷手段与家长保持联系，帮助他们及时解决问题，共同加强对学生的心理健康教育工作。

三心相约，共筑"心"家园

上海市嘉定区中光高级中学　谢晓敏

我校重视心理健康教育，从高一到高三均开设心理必修课，编有心理健康校本教材，出版了心理学专著《拨动心弦的钥匙》。近年来，我校又搭建、完善了"三心（家长养育之心、学校培养之心、社会关爱之心）相约，共筑'心'家园"家校社区教育共建心育平台。

一、开设各级家长学校，达成教育共识

校级家长学校的建设，由学生服务部和教学服务部负责，依据各年级特点，确定具体的主题。高一以适应高中校园生活，减缓叛逆为主题；高二以确立目标，合理选科，正确处理青春期问题为主题；高三以确立生涯规划，

为实践理想而拼搏，舒缓学业压力为主题。

年级组开设重点学生家长帮教指导班，针对有家庭教育困惑、缺乏教育方法的家长，开展家庭教育方法指导与研讨。

班主任通过班级家长会、班级QQ群了解学生家庭情况与需求，交流学生表现，组织家长分享家庭教育的经验和方法；心理专职教师通过给家长的信、心理专项指导讲座等方式参与家长学校活动。

学校还利用微信公众平台、校园网、心理热线等媒介，定期发布心理、家庭教育指导文章，让家长在家校互动中学习教育方法并运用于家庭教育中。

二、举办家校共建论坛，形成教育合力

根据不同学段学生面临的心理和学业成长等问题，年级主任在心理教师的指导下，每学期举办家校共建教育论坛，邀请学生、家长、班主任、社区代表、校心理健康教育工作领导小组成员、区德育研究室等共同参与，帮助学生解决成长中的困惑。

家校共建论坛逐渐形成了以下系列：

（1）高一年级：《家长如何帮助孩子度过高中适应期》《如何帮助孩子制订科学有效的学习计划》《沟通是家庭教育成功的关键》《家有"问题"孩子》。

（2）高二年级：《家长如何帮助孩子正确定位，合理选科》《即将步入高三、你准备好了吗？》《如何正确看待高中男女生交往过密问题》。

（3）高三年级：《如何应对高三备考压力》《如何营造良好的家庭备考氛围》《家有高考生怎么办？》。

三、建立家长督学制度，实施个性化指导

针对家庭教育中存在的个性化问题，学校还创设家长督学制度，开展个性化家教指导。心理教师拟定分年级分学期的家长督学邀请函，班主任通过班级QQ群并综合任课教师的建议提前一周发放邀请函，心理教师收集相关学生信息，并在接待家长督学过程中进行反馈，指导家长与班主任及学科教师沟通要点，家长督学完成校园参观、听课、与教师沟通、校园安全检查、学生午餐管理等"七个一"工程，全面了解学校的教育教学工作，感受丰富

多彩的校园生活，同时也体验学生应付高考学业的压力。心理教师还根据反馈情况，指导家长督学回家与孩子沟通注意事项，并进行个性化指导。

家长督学经历了不断发展的过程：从选拔到自愿、从一个到若干、从自由组合到有意组合等。

家长学校解决的是面上的共性问题，家长督学解决的是点上的个别化问题。

四、家校社区携手，共建心育平台

为了保障学校心理健康教育工作的有效开展，学校成立了心理健康教育工作领导小组，建立了包括危机干预、心理器材设备使用、心理咨询等一系列的心育规章制度，明确班主任、心理教师、校职能部门、心理社团干部等在学校各级心理服务中的职责和作用。学校还聘请上海市嘉定区精神卫生中心精神科主任担任校外专业督导，建立校生命关爱中心—区学生心理健康发展中心—区精神卫生中心—市精神卫生中心的心理危机预防、干预和转介模式。校生命关爱中心与嘉定镇街道阳光彩虹社工事务所，共同组建了一支"成长伴我行"爱心助学队伍，面向家庭贫困生以及部分学生开展心理辅导、学业指导以及家庭教育指导工作。

同时，学校还建立了家校社区教育共建理事会机制，学校所属社区、企事业单位、家长、学生、教师、学校管理层等组成家校教育共建理事会，确立章程，明确权利义务和工作职责；设立办公室，定期召开理事例会，共同研讨学生和家庭的教育问题。学校还充分整合周边高等院校、社区居委会、企事业单位的优秀资源，形成合力，为学生的性格完善、兴趣培养、潜力挖掘、能力发展和生涯规划搭建实践与发展的平台，如：上海大学数码艺术学院、同济大学汽车学院的大学生社团每周走进校园，指导学生社团开展社团活动，为学生举办生涯发展指导类讲座（如《相信品牌的力量——跨专业创业项目团队实例》《大学，你准备好了吗？》等）；环境监测站辅导员指导学生开展科技类课题研究，为学生提供暑期环境监测岗位实践；社区居委会在寒暑假为学生提供居委会主任助理岗位工作；嘉定博物馆定期来校开设专题文化讲座，学生通过志愿者、影视体验等活动进行社会实践，增进对社会和职业的了解。

总之，心理健康教育是一项系统工程，"三心相约，共筑'心'家园"心育模式，将提高立体化心育水平，以适合的教育为学生的身心健康发展搭建广阔的平台，为学生的终身发展奠定坚实的人生基础。

三、开展教育活动

为了矫正和预防学生出现心理问题，学校应开展多种形式的教育活动，如平时开设心理咨询信箱、心理咨询热线、心理咨询室、心理健康专题广播、心理健康教育课，设心理委员，组建心理社团或心理互助团队，开展心理健康教育周活动等。

1. 日常心理教育活动

日常心理教育活动主要包括以下几个方面：

① 心理咨询信箱：在校园内比较僻静的地方设心理咨询信箱，收集学生的心理问题，或个别解答，或通过广播解答。利用网络平台，开设网络心理咨询信箱、博客、网络微博等，加强对来访邮件、博文等的及时处理、回复、跟踪，对学生生活中出现的点滴困惑给出建议和意见。

② 心理咨询热线：心理咨询热线一般由心理教师负责解答学生的心理困惑。号码为教师手机号或办公室座机号。

③ 心理咨询室：心理咨询室设在便于学生进出的地方，要公布接待时间，保证届时有教师接待，同时做好必要的记录。心理咨询室的主要职能为：第一，为有需要的学生做团体或个别的心理咨询与辅导，帮助学生解决心理困扰。第二，通过心理咨询与辅导、访谈调查与心理测量，建立学生心理档案，

及时发现需要给予特别帮助的学生，掌握一般学生的心理状况。

④ 心理健康专题广播：校园广播站、电视台均可设心理健康专题广播节目，向师生宣传心理健康知识，针对出现的热点问题及时地进行疏导。

⑤ 心理健康教育课：有条件的中小学可以开设心理健康教育课，每周1节或两周1节，普及心理科学常识，帮助学生掌握一般的心理学知识，培养良好的心理素质，提高人格水平。

⑥ 设立心理委员：伴随着时代的发展，许多中小学设立了心理委员（高中更适合）。但工作不是想一个时尚的名称，而是要有具体的操作。心理委员应该由心理素质好、喜欢心理学、乐于为集体服务的学生来担任。

⑦ 组建心理社团或心理互助团队：由各班心理委员及爱好心理学的同学组成。设计心理游戏活动、进行心理知识普及宣传、排演心理剧、承接心理咨询热线、开展心理现象调查及同伴互助活动等。

德育处与心理教研组应加强对心理委员、心理互助团队的专业培训，一是在心理辅导课上，请心理教师注意指导他们学习，二是鼓励学生主动自学，结合实践中的问题学习。

2. 心理健康教育周活动

近年来，许多地区、学校为加强心理健康教育，常常在学期中开展心理健康教育周（月）活动，一般春学期安排在5月，秋学期安排在11月。

心理健康教育周是集中的学校心理健康活动，根据学生的心理发展特点，围绕某一专题，通过丰富多彩的活动，增强教师对心理健康教育的认识，改善师生的心理状况，让学生在参与活动的过程中成长。专题包括学会感恩、学会分享、我自信我成长、珍爱生命、沟通你我等。

心理健康教育周活动可有以下选择：

① 国旗下讲话：通过国旗下讲话拉开活动的帷幕。讲题可为"珍惜青春，放飞理想""自信，成功的保障""为生命加油，为青春喝彩"等。

② 心理健康教育展板：宣传心理健康知识（学校出）。

③黑板报、电子小报：介绍本班开展心理教育活动的情况以及相关的心理健康知识（班级出）。

④经典心理影视片展播：组织学生观看经典心理影视片，如《美丽心灵》《小孩不笨》《放牛班的春天》《求求你，表扬我》《漂亮妈妈》《放飞心灵》等，观后组织座谈或写影评文章。

⑤专题讲座：邀请专家、心理教师做专题讲座，如上课如何不走神、青春期男女生相处之道、中高考前的心理调适等。

⑥主题班会：各班在班主任指导下召开主题班会。学校也可以开展主题班会的评比活动。

⑦现场咨询活动：组织心理教师为学生释疑解惑，回答学生感到困惑的问题。

⑧祝福板：设大型祝福板，全校师生为毕业年级写祝福语，传递心声，表达祝福。

通过心理健康教育周活动，在校园中营造学习、普及、宣传心理健康知识的良好氛围，增强师生的自我心理保健意识，促进学生的全面发展和健康成长。

随"网"潜入"心"，润物细无声

上海市晋元高级中学　谢莹

网络具有即时便捷、开放隐蔽、交流顺畅等特点，心理教师应尝试在网络上开设"心灵氧吧"，将"心灵氧吧"作为学校心理健康教育常规工作的延伸。我在2012年2月开始了对"心灵氧吧"的研究。

一、巧分栏目，加强针对性

实践初期，我只是将自己日常搜集的资料整理后发帖，实践了几天后发现这样做存在着很大的缺陷：学生仅通过帖子标题很难理解管理员的意图；后发的帖子容易把前面的帖子顶掉，使阅读者错过了许多发表较早的帖子；学生心理需求不同，面对铺天盖地的帖子很难找到满足自己需要或解决自己问题的有效资源。

基于以上几个问题，我与技术支持人员联系，将自己要求分设栏目的需求与其沟通，很快"心灵氧吧"的各栏目就生动上线了。

"心理学园"：发布常规心理健康教育、青春期教育、艾滋病预防教育等资料。

"心理剧场"：发布团体心理辅导讲座的视频或优秀的心理学小电影，作为讲座的延伸。

"每日一句"：传播哲理美句，普及心理学小常识，使心理健康教育通过点滴渗透，真正走到学生中去，引导他们主动进行自我心理健康教育。

"育与教"：针对教师发布教育教学心理学知识，提升班主任、宿舍管理老师的心理健康教育干预能力，多渠道地营造和谐校园氛围。

"我与孩子那些事儿"：建立家长与学校沟通的平台，为家长答疑解惑，同时提供培训。

"聆听心声"：建立学生来访咨询工作平台，通过网络加强回访与跟踪。

"心灵检测中心"：提供专业心理测评以及生活心理小测试，让学生在测评中自省、自查、自我提升。

"今天上学那点事儿"：让学生把生活中的点滴烦恼与收获和大家分享，在老师的指导与同伴的帮助下解决生活中的小问题与小麻烦，随时宣泄，随时释放。

二、图文并茂，增强吸引力

中规中矩的说教、成人化的语言，对于现在的学生来说未免枯燥、乏味，为此，我特意开设了"每日一句"，每天通过上网、看微博搜集格言、美句，这些短文短句或优美，或诙谐，或犀利，或调侃，能够在不经意间将人生的智慧传递给孩子们，很容易让人接受。

为了增强学生的认同感，我始终坚持每帖必配图，力求做到"图文并茂"。发帖的主题涉及了解自我、人际沟通、时间管理、行动执行、压力管理、情绪态度、考试心理、亲子关系、职业生涯规划等多个方面。

三、开展活动，关注参与度

现在学生的日常学习生活是紧张的，很多活动的开展牵扯了学生大量的时间和精力，让学生感觉疲于应付。利用"心灵氧吧"这个平台，则可以让学生在使用网络之余见缝插针地参与活动。有时候学生花个十来分钟就参与了一次心理活动，既高效，同时也使学生在老师设置的专题引导下进行了浅层的思考。

经过一段时间的实践，"'我的青春宣言'原创微博评选活动"和"'生命赋'原创摄影作品评选"两大主题活动得到了学生的追捧，三百多名学生发表了自己的"青春宣言"，大家在这个平台畅所欲言，热烈地交流，思想的碰撞引发彼此的理解与共鸣。

思考题

1. 您认为心理健康课与主题班会有哪些区别？班主任应该怎样做好心理健康指导工作？

2. 心理委员是近年来不少学校新设的班级工作岗位，您所在的学校采取了这样的做法吗？您是否赞同这样的做法？

第十章 开展德育研究

苏霍姆林斯基说过:"如果你想让教师的劳动能够给教师带来一些乐趣,使天天上课不至变成一种单调乏味的义务,那就应当引导每一位教师走上研究这条幸福的道路。"确实,要提高学校德育工作的水平,就应该开展相关研究。

从实践看,德育研究主要有两种形式:一是问题研究。问题即课题,德育主任应提醒班主任增强问题研究意识,对工作中遇到的问题要认真进行研究。二是组建课题组,按照课题立项的要求,有计划、有目标、依靠团队的力量进行研究。

一、倡导问题研究

德育工作事多且杂,工作很辛苦,这是麻烦事,但也是好事,因为客观上给我们提供了丰富的研究内容。我们应珍惜机遇,积极开展研究。

问题研究的手段是多样的,研究成果的呈现形式也是多样的,案例、教案、随笔、经验总结、论文都可以。

问题研究要关注过程、关注细节。班主任应有较强的研究意识,"处处留心皆学问"。

但是,许多班主任对加强研究可能不以为然,他们认为自己基本能胜任工作,再搞研究,多此一举。德育主任应帮助班主任端正认识,班主任搞研究主要是解决教育教学工作中的实际问题,是尝试研究的过程,与专家搞学术科研是不一样的,不是研究理论和发现规律,而是改进工作和提升自我。随着班主任专业化的发展,科研工作越来越重要,科研对班主任工作将起到引领作用,不是可有可无,而是必须要做并且要提高和加强的问题。

要搞好研究,学校应提倡教师写教育随笔,及时记录工作实践和自己的感悟,养成研究的习惯。

德育主任应认真贯彻落实学校的工作要求,结合形势,每学年(或每学期)开展目的明确、重点突出、形式多样的问题研究交流。这种交流将促进班主任由随意到自觉、由偶然到必然的觉悟。同时学校还应该将研究成果汇编成集,发给每位老师,以取长补短,共同提高。汇编的文集最好由德育校长(或德育主任)执笔撰写指导性文章,然后将老师的文章按照获奖等次收入(同一奖次建议按任教班级排列)。

同时德育主任可建议校长建立科研奖励制度,或在评定绩效工资时将科研工作列为重要的考核指标。

这些有力的推动,对班主任研究意识的增强及班主任的专业化发展很有帮助。

用故事演绎魅力班会课

上海市甘泉外国语中学　夏洁

还记得第一次踏上讲台的情形,不知不觉中,我已经在教师这个工作岗位上干了十年。在班主任的专业化发展中,怎样上好班会课,面对长大成人的学生,该怎样利用好班会课的主阵地,成就魅力课堂,达到"教育无痕"的理想境界呢?这些问题一直困扰着我。两年前,我幸运地成为丁如许德育特级教师工作室的一员。丁老师一直潜心于对班会课的研究,还编撰了《打造魅力班会课》《魅力班会课》等著作。丁老师曾经强调:"在学校这一特定场合,面对的是学生这样的群体,班会课一定要彰显知识的魅力,吸引学生,让学生深受教育。"于是,我尝试用讲故事的方式来开启学生的心智。

耐克公司在多年前就提出了"讲故事计划"——

每个新员工都要听1小时的公司故事。如今听故事仍然是新员工受训的头等大事,耐克的教育总管也因此被称为"首席故事官"。无独有偶,美国总统奥巴马也是一位天才的演讲家,他总以生动的故事承载深奥的政治理念,他甚至还亲自通过荧屏给全国学生讲故事。

美国故事家吉姆·科因认为,听故事能够打开那些直接教育无法触及的区域,无论是成人还是儿童,都可以从故事中得到启发。

讲故事,是一个寻找和发现智慧的过程,也是一个分享和生成智慧的过程。

教师应该是会讲故事的人,故事有一种润滑剂的作用,可使思想教育变得温润、细腻,变得生动活泼、诗意盎然。

我曾经在一堂"纪念建党90周年"的班会课上带领学生走近上海的红色地标,寻找石库门里的红色记忆:从老渔阳里2号《新青年》编辑部旧址到新渔阳里6号团中央机关旧址,从"一大"会址到永远的新天地,和学生一起回顾那些血雨腥风却又激情燃烧的岁月,重温红色传奇中的那些年、那些人、那些事。于是党史不再是教科书上枯燥的记述,而是成为一个个鲜活的故事,和学生脚下的这片土地有了关联。我还挖掘出富有历史文化内涵的地名、校名等教育资源,将学生带入特定的历史情境之中去"经历"历史,告诉他们红色精神就在我们的身边,应该将之传承与发展。我永远记得那节课上,孩子们一张张时而惊奇、时而感动、时而沉思的脸。

我也曾在一次关于早恋的班会课上敞开心扉,向学生真情告白,讲述自己的一段交织着情感和理智,最终理智战胜情感的生活历程。无悔的青春,如烟的往事,是我生命中美好的回忆。"哪个少年不钟情,哪个少女不怀春?"

但四季有常,我们不可逾越。

我也曾讲过一些并不惊天动地，却实实在在、真真切切发生在学生身边的同龄人的故事，以及一个个充满人生智慧的哲理故事。我相信那些故事或多或少地会影响到学生的人生之路，教他们学会爱、感恩、忏悔、希望、信仰、探究、自主、合作和创新。

一个会讲故事的班主任，本身也应是许多精彩教育故事的主角。在处理各种学生事件的过程中，班主任若能充分运用教育智慧，关爱学生，便能在学生的心里留下故事。若干年后，同学聚会，记得的、谈论的很可能是一些无关紧要的琐事，抑或他们心存敬畏与景仰的师长。那些能经受岁月考验而永不褪色的过往，可能发生在教室、食堂、操场、办公室等各个角落，可能是师生谈话时的一个细节，或是一次精神振奋的鼓励，或是一次推心置腹的谈心，即便是当年的严厉训斥，事后想来也倍感温馨。

在看丁老师书中当年学生的感言时，常常心生羡慕，今天的我会不会也给学生们留下一些值得永远追怀的故事？

二、推进课题组研究

如果说问题研究是班主任独立作战，那么组建课题组就是团队作战。德育主任应积极组织课题申报，组织班主任参与课题组的研究。

1. 怎样申报课题

课题申报一般采取集中申报、集中评审的办法。申报项目、时间应根据国家、省市教育科学研究院所、教育协会的文件通知，单位和个人均可提出项目申请，填写申请书一式三份，由所在地区教育科研机构组织力量进行课题论证。为了增强课题研究的有效性和针对性，申报时德育主任可代表学校邀请教研机构举行课题论证会。

一般情况下，不需要经费支持的申报课题都能被批准，需要经费支持的申报课题则门槛比较高。学校多选择不需要经费支持的课题申报，在立项后开始课题研究。

现在许多地区的评奖优先考虑申报的课题，这样的做法虽有"近水楼台先得月"之嫌，但也情有可原。因此，德育主任一定要重视课题的申报，积极组建课题组参加研究。

2. 怎样选题

课题研究是一个有目标、有计划的认识活动过程，包括选择课题、制订计划、实施活动、分析整理资料、撰写报告和论文五个步骤。选题是研究的第一步，贝纳尔说："一般说来，提出课题比解决课题更困难……所以选择课题，便成了研究课题的重要起点。"

（1）选择课题的基本原则：

① 需要。根据教育实践的发展，选择需要解决的问题。

② 新颖。研究的成果有新意，能对本校及他校工作有指导作用。

③ 基础。是否有研究的可能，主客观条件是否具备。

（2）选题的一般步骤：

① 调查研究，提出问题。

② 拟写课题的研究方案，申报课题。

③ 课题确立。

④ 开题论证。召开课题开题报告会，请有关专家指导。

3. 课题研究采用的主要方法

课题研究采用的主要方法有观察法、调查法、访谈法、座谈法、测验法、问卷法、实验法、文献法、分析法、历史研究法、模拟法、案例法等。

4. 成果设计

成果设计是指课题研究的成果形式。教育研究课题的主要表现形式为论文集、教育案例集、研究报告、阶段总结、班会课研讨课、个案分析、视频资料等。

5. 文档撰写

在课题研究中，德育主任要指导课题组写好开题报告、研究报告、研究记录等重要文档。

（1）开题报告。

从课题研究中查阅材料发现，文档撰写存在许多不规范的地方。开题报告实际上可以帮助我们清楚地了解自己为什么要做这个课题，究竟想做什么，想得到什么，怎么做，能否达到自己的预期目标。若分析后觉得不能，则可以马上调整方向和目标，以使课题目标有可能达成，从而避免"大题小做"和"小题大做"。

开题报告的内容有：

① 课题研究的目的：我们为什么要研究这个课题？

② 课题研究的对象：我们研究的特定对象是什么？

③ 课题研究的目标：通过研究，我们要实现什么？

④ 课题研究的内容：我们想弄明白的问题是什么？

⑤ 课题研究的方法：我们决定用什么方法来验证我们的假设，为什么要用这种方法？

⑥ 课题研究的计划：具体的时间安排和实施步骤，尤其是一开始准备实施的步骤。

⑦ 课题需要的资源：我们需要什么工具和资料，如何得到这些工具和资料，用什么方法等。

⑧ 课题研究成员的分工：小组成员如何分工合作？

⑨ 课题预期的成果：你的研究会带来什么成果？

（2）研究记录。

课题研究重在过程。记录是课题研究的重要痕迹。"好记性不如烂笔头"，我们应将研究过程中的重要事件记录下来，以备日后查阅。而且，比较完整的记录能使我们理清思路，知道这次研究究竟做了什么，存在什么问题，下一步的方向如何，应该如何做得更好。

（3）结题报告。

结题报告是课题研究的重要呈现形式。结题报告先要说明我们为什么开展这一研究，然后重点汇报我们做了什么、有哪些经验，分析这样做的意义和价值，提出今后的设想。

结题报告写好后，应征求课题组全体成员的意见并进行修改。

在结题会议上汇报结题报告。

由于课题研究具有比较强的专业性，德育主任应争取学校科研室、市区县科研室的指导与支持。

6. 加强过程管理

德育主任作为课题研究的主要推进者，做好课题研究的过程管理十分重要。德育主任应定期召开课题组会议，了解情况，开展交流，组织对问题的讨论；听取意见，思考对策；编写《课题研究快讯》，做好通讯报道，并做好资料收集工作；开展考评，及时表彰先进；在顺利推进的基础上，筹备和召开课题表彰会。

思考题

1."如果你想让教师的劳动能够给教师带来一些乐趣，使天天上课不至于变成一种单调乏味的义务，那就应当引导每一位教师走上研究这条幸福的道路。"您是否认同苏霍姆林斯基的这一论述？

2.您所在学校的教师参加德育科研的积极性如何？如果不少教师感到工作压力大，忙不过来，您打算如何调动教师参加研究的积极性？

第十一章　重视社区教育

学校、社区的教育合作是当今世界许多国家学校教育改革的重要主题。《中国儿童发展纲要》明确指出:"发挥学校、家庭、社会各自的教育优势,充分利用社会资源形成教育合力,促进学校教育、家庭教育、社会教育的一体化。"

社区是学校教育的重要资源,也是深化、拓展学校教育的重要场所,学校应加强与社区的联系,让社区内的相关资源成为学生的学习资源,同时学校也应将学校资源与社区分享,实现学校资源与社区资源的共建共享。

一、建立共建关系

为发挥社区教育的作用,学校应争取社区对学校教育的配合,利用社区教育资源为学校教育服务。

学校首先要主动融入社区,可与所在地的居委会及派出所等社区主要单位建立共建关系,进行工作的沟通、交流、协调。

学校是教育的组织。学校应发挥专业优势,把教育延伸到社区,为社区建设提供智力支持和文明辐射。学校应利用师资优势,开展教师志愿者进社区的活动,如推广普通话,教育咨询,举办英语、历史、计算机专题讲座等。同时开放场地资源,为社区开展活动提供方便,居委会选举时的大会场、社区活动时的音响设备均可由学校提供,还可向社区居民开放体育场所。这些工作,虽然给学校增加了一定的物质、时间上的投入,带来管理上的某些不便,但它在给社区居民带来便利的同时,也树立了学校在社区中的良好形象,有利于合作开展活动。

为了赢得居民的理解、支持,学校可以召开社区运动会、为社区组织的体育活动免费提供场地服务等,德育主任应积极献计献策,并参与有关活动。

二、巧用社区资源

社区有丰富的教育资源,社区的成员来自社会的各行各业,他们有丰富的人生阅历和社会实践经验,尤其是老干部、老战士、老专家、老教师、老模范等,他们丰富的知识和经验以及参与社区活动的时间和热情,都是宝贵的教育资源,是对学校教育的补充和支持。学校应聘请他们担任校外辅导员,邀请他们为学生做专题讲座。

学校应充分发挥社区成员专业知识的优势,如邀请社区民警到校做"怎样预防网络风险""怎样预防毒品"等专题讲座,这些专题讲座可以成为学校的特色讲座。

德育主任应做好讲师团的聘请和专题讲座的设计工作,努力打造社区资源的"百家讲坛"。

学校还应充分利用社区资源,加强与居委会联系,建设学生暑期社区实践基地。在这方面,上海市晋元高级中学进行了积极的尝试。2005年以来,该校和万二居委会合作开展学生党校学员暑期挂职锻炼活动。在万二居委会的支持下,学生党校学员挂职锻炼活动做到了"五有":有课程、有教材、有指导老师、有作业、有评比。2008年,学校进一步认识到,在党校学员暑期社区挂职锻炼的基础上,应推进全体学生的社区实践活动,为此,德育处重点与万二、万四居委会建立工作联系,经常到社区听取意见,研讨工作。2011年,学校又与所在地段7个居委会合作建成实践基地,经常开会交流研讨。2012年，在区青保办的支持下，晋元高中在全区青保干部会议上做了交流，同时，学校明确班主任必须到社区指导学生社区实践，德育处加强检查，有力地推进了工作的不断深入。

在社区实践中成长
——上海市晋元高级中学学生暑期社区实践活动报告

上海市晋元高级中学　丁如许

为了切实发挥社区实践平台的作用，我校积极推进学生暑期社区实践工作。具体步骤为：

一、制订了社区实践方案

我校首先制订了学生暑期社区实践活动方案，提出明确的要求：学生在升入高二的暑假，应有5天时间到所在居委会报到，参加社区实践活动。学生先学习社区建设基本知识、了解居民区各类创建活动标准、居委会有关规章制度等；然后在居委会干部的指导下，开展丰富多彩的活动，如慰问军烈属、走访老干部、社区清洁劳动、辅导低年级儿童学习等；在社区实践时，我校鼓励学生要有创新意识，在居委会干部指导下开展一些新的活动，如参加（旁听）新老娘舅调解、帮助外来务工子弟、社区活动设计、给居委会工作提建议等。在实践中要完成社区学习手册的记录，开学后统一交至德育处评分。评分纳入学生社会实践考核，记入学生个人档案。

二、编制了社区实践课程

我校召开了居委会文教干部会议，制定了学生暑期社区实践课程。居委会可在此基础上调整课程安排。

晋元中学学生暑期社区实践课程设计

时间	内容	作业
第一天	1. 开班典礼（①居委会主任讲话；②文教干部工作布置；③学生代表发言）。 2. 学习《社区学习手册》有关社区知识章节。 3. 看介绍街道（镇）工作的碟片、资料。	完成日记1篇。准备慰问活动，写一封慰问信。
第二天	1. 社区慰问活动（老干部、老党员、独居老人、军烈属、社区安保服务人员、外来务工人员等）。 2. 社区辅助工作（帮助社区干部打字、整理资料等）。	完成日记1篇。准备宣传稿1篇。
第三天	1. 社区环保活动（打扫社区环境，开展卫生宣传等活动）。 2. 社区辅助工作（帮助社区干部打字、整理资料）。	完成日记1篇。准备文章（演讲稿、诗歌创作、读后感等）1篇。
第四天	1. 社区学习活动（参加社区诗歌创作、家庭故事征文、朗诵、演讲、剪纸等活动）。 2. 社区辅助工作（帮助社区干部打字、整理资料等）。	完成日记1篇。准备给居委会的建议、准备活动方案设计。
第五天	1. 社区创意活动（带领社区小朋友开展有意义的活动，如健身、参观、走访、摄影、帮困、宣传等活动）。 2. 社区辅助工作（帮助社区干部打字、整理资料等）。	完成日记1篇。完成社区实践工作总结。

（说明：具体的日程安排可以调整。）

三、编制了社区学习手册

为保证学生社区实践活动的推进，我校编制了校本教材社区学习手册。手册分为两部分：知识学习部分，介绍社区建设基本知识、居民区各类创建活动标准、居委会有关规章制度等内容；实践记录部分，有社区实践课程表、社区实践日记、社区活动方案设计、给居委会工作提建议、给军烈属的一封信、居委会挂职锻炼总结等内容。社区学习手册成为学生参加社区实践的具体抓手。

四、制定了社区学习手册评分标准

工作中我校制定了社区学习手册评分标准,并在实践中加以完善。社区学习手册评分标准为:

(1)合格。社区实践日记(5篇以上,每篇50字以上)、社区实践总结、居委会评价(公章)。

(2)良好。社区实践日记(5篇以上,每篇50字以上)、社区实践总结、居委会评价(公章),加社区活动设计或给军烈属的一封信或对居委会工作的建议。

(3)优秀。社区实践日记(5篇以上,每篇50字以上)、社区实践总结、居委会评价(公章),加社区活动设计、给军烈属的一封信、居委会工作建议。

(4)不合格。无居委会公章的为不合格;只有社区实践日记的为不合格;只有社区实践总结的为不合格。

学校组织新高二年级暑期开展社区实践活动。学生开学后将社区学习手册上交德育处,德育处审阅确认学分后登记在册,不合格者可在高二寒假、暑假期间继续参加社区实践,并由德育处审阅确认学分,通过者均在学生档案上记录。联系不到居委会的,可到年级组报名,由德育处帮助落实居委会。

为了保证工作顺利推进,我校召开了班主任会议进行统一部署,并召开年级会,进行方法解读。在暑期结束后,再召开年级会进行评讲,表扬先进,指出存在的问题,提出解决方案,要求未能完成社区实践的学生"补课"。

在工作中,我校还表彰积极参加实践的学生,授予"暑期社区实践积极分子"荣誉称号,推动了工作的深入开展。

附：

上海市晋元高级中学暑期学生社区实践资料

一、社区实践日记选

2011 年 7 月 25 日　晴　星期一

今天真的很热，据报道是申城最热的一天，我们耳内充斥着蝉鸣，脚下却毫不停息，向居委会走去。

到了万二居委会，听了工作布置，暑期社区实践就正式开始了。今天，我们与社区居民一起参加了"党的九十年"历史报告会。在两位老师激情洋溢的演说下，与会的人都沉浸在了中国共产党成立九十年来的风雨征程之中。这一路上，有艰难，有坎坷，有百花齐放之日，也有天灰云低之时。可是中国共产党人从来没有退缩过，他们毫不畏惧，勇往直前，时刻考虑着百姓的安危。

报告会结束后，居委会的老师再次进行了细致的工作布置，这也让我意识到，现在的社区活动已经不同于以往了。我也从在台下聆听的小朋友，变为能组织他人活动的新青年了。

天还是这么热，但我们无所畏惧，青春鼓舞着我们前行！

上海市晋元高级中学高二（6）班　郑婷

二、慰问信

（可让学生自选慰问对象，如老干部、军烈属、外来务工人员、安保人员等。）

敬爱的社区安保服务人员：

你们好！

我是一名中学生，是全力支持你们工作的一员。每一次看到你们敬礼和微笑，每一次看到你们巡逻的身影，我都强烈地感觉到这里是我们美丽的家，是我们温暖的家，也是我们安全的家。

在社区建设和安全防护这方面，你们的功劳不可小觑。平时小区里的大门由你们把关，由于小区里是单行道，你们的管理工作很是辛苦和艰难。天黑了仍骑着车在小区里巡逻的，是你们；在大门口24小时守护小区的，是你们；在河道旁守着不让居民乱扔杂物的，是你们；在篮球场和足球场周围确保行人安全的，是你们；在地下停车场看管的，是你们；在居民无助时，为他们拖拉水泥和黄沙的，是你们……你们的工作虽然平凡，却如雨露般点点滴滴滋润着我们，如春风般温暖着我们。

你们是真正为他人服务，为居民着想。也许平日里也有冲动的居民出言不逊，但你们骂不还口，打不还手；也许一天会回答很多遍同样的问题，但你们仍耐心地提供帮助；兴许会遇上穷凶极恶的歹徒、小偷，但你们总能给我们安心的保护。

你们的努力赢得了居民们的尊敬与赞赏，你们是我们心目中最可以信赖的人。不论刮风下雨、不论严寒酷暑、不论白天黑夜，始终恪守职责，坚忍不拔，这就是你们——社区安保服务人员！再多的语言也无法表达我们对你们辛苦工作的敬意！

坦诚与沟通为我们架起了理解的桥梁，让我们用真诚与理解换来小区的春色满园。

谢谢你们，敬爱的社区安保服务人员！

上海市晋元高级中学 高二（2）班　刘怡雯
2011年8月19日

三、社区活动设计选

火灾时的逃生

上海市晋元高级中学高二（5）班　倪灵斓

目标：

（1）宣传消防知识，增强生命意识。

（2）根据社区区位分布，制订楼层火灾应急方案，使每位居民了解并掌握相关信息，以保证面对突发事件时从容应对。

准备：

（1）制订楼层火灾应急方案，制作社区不同楼幢居民火灾时疏散通道图。

（2）印发基础消防知识及灭火器使用方法。

过程：

（1）介绍楼层火灾应急方案。

（2）介绍社区不同楼幢居民火灾时疏散通道图。

（3）介绍并学习使用灭火器。

（4）模拟火灾，进行消防演习。

（5）布置作业，回家做宣传。

四、给居委会的工作建议选

国定第一居委会：

（1）门口宣传报更新较慢，没什么新鲜内容，很难吸引居民，建议加快更新，并选择热点内容。

（2）多动员居民，呼吁大家保护环境，定期组织居民打扫小区。

（3）设立工作建议栏，可以把居民意见直接贴在上面。

（4）垃圾房分区，分为可回收和不可回收等。

（5）在小区里多设置几个垃圾桶，方便扔垃圾，但需定期清理。

（6）定期做一些问卷抽查，由楼组长负责，可以及时了解最近居民的生活情况。

（7）在花园和路边多安装几盏灯。

（8）居委会位于小区后面，挺隐蔽的，小区外的人很难找到，最好能设立指路牌。

（9）在门口地图上标明小区具体的楼号。

感谢居委会的老师们对小区做出的贡献，虽然提出了以上建议，但我觉得你们已经做得很好了，令人感动的是门口宣传栏内的工作报告和通知都是手写稿。希望你们能做得更好！

上海市晋元高级中学高二（9）班　尚晓叶

2011 年 7 月 30 日

五、社区实践总结

　　经过五天的社区实践活动，我了解到居委会在维护小区安定和谐方面起着重要作用，我感到收获良多。在社区实践中，我参加了丰富多彩的社区活动，包括看望孤老、清扫街道、观看禁毒宣传片、参加纳凉晚会演出等，这些经历都将成为我一生中宝贵的财富。

　　此外，在社区活动中我结识了许许多多的朋友，我们共同努力，一起成长。我还与居委会主任充分沟通，实现了跨年龄的交流，从长辈身上学到许多知识。在学校下发的社区学习手册的指导下，我给孤老刘奶奶写了一封慰问信，也向居委会提出了自己的建议，为社区设计一场活动，等等。这些生动的写作方式，不仅没有让我对社区活动感到枯燥，反而提升了我参与的兴趣。

　　经过五天的观察，我心中的社区逐渐有了清晰的轮廓，我真真切切地体会到我是社区中的一员，而不是一名旁观者。在今后的生活中，我一定会更加积极主动地参加社区活动，力争为社区做出自己的一份贡献！

上海市晋元高级中学高二（8）班　朱成

2011 年 7 月 30 日

六、居委会鉴定意见

俞昊【上海市晋元高级中学高二（11）班】

　　俞昊同学在暑期社区实践活动中表现优秀。他积极参加各类活动，协助社区干部完成工作；热情主动地出谋划策。走访独居老人时嘘寒问暖，陪老人聊天；接受"红十字"救护培训时，认认真真，一丝不苟；举办"革命故事"讲座时，自告奋勇地为同学们讲故事，之后又以书面形式总结了全过程，我社区也将之以简讯的方式上传到社区网站；参加趣味游艺赛时，充分发挥团队精神与他人良好合作；在"阅读红色经典，激扬爱国情怀"系列读书活动中，发表阅读感言，文采出众。

鉴于以上表现，社区居委会决定授予俞昊同学"特别表现奖"，以资鼓励。

上海市嘉定区嘉定镇丽景社区居民委员会
2011年8月12日

思考题

1. 您所在的学校重视社区教育吗？在寒暑假是否形成了比较好的协同教育机制？

2. 请思考如何进一步增强社区教育的实效性。

第十二章　做好其他工作

德育主任工作繁多，前面的章节对重点工作做了介绍。工作在不断发展，在最后一个章节，我们以"做好其他工作"做总括。"其他"并不是不重要，我们常说，细节成事，处理平常事、琐碎事的做法往往反映了我们的认识和能力。我们相信，德育主任在实践中会"弹好钢琴"，处理好众多的事务，逐步走向成熟、走向成功。

一、做好资料收集

德育主任经常为大量的上级工作检查所累。在工作中德育主任应增强收集资料的意识，积极、主动地收集有关资料。这样，就能变被动为主动，应付裕如地做好各项工作。

学校德育处应收集以下材料：

① 上级来文：区县教育局下发（转发）的各级重要文件。

② 会议记录：学校德育工作领导小组、德育处、团委工作会议记录。

③ 学校各项规章制度：学校、部门制定（修订）的各项各类规章制度。

④ 部门工作计划和总结：工作计划分学期工作计划、月度工作计划、周工作安排和专题工作计划。工作总结分学期工作总结、专题工作总结。

⑤ 学校各项评比考核记录、结果：学校文明班级检查评比的各项资料、专项评比的资料。

⑥ 学校大型活动：开学典礼、表彰大会、毕业典礼等的资料（包括议程、来宾名单、发言稿等）。

⑦ 国旗下讲话：每次的国旗下讲话稿、主持词等。

⑧ 班会课资料：班会课研讨课教案、研讨发言等。

⑨ 社会实践活动资料：军训、学农、参观考察等资料。

⑩ 班主任培训资料：开展班主任校本培训的专题讲座、交流文章等各类资料。

⑪ 学校德育科研工作资料：学习开展德育科研工作的各类资料。

⑫ 学校获奖资料：学校集体、师生个人获得的奖章、奖状等资料。

⑬ 在报刊杂志上发表的文章：在各级各类报刊上发表的文章。

资料应在分类的基础上，再按不同的年份收集，这样检索起来非常方便。

资料的积累源于平时大量平凡而琐碎的工作，资料的价值在于平时对事实的客观记录、真实反映。

随着时代的发展，既要注意保存文字资料，又要注意保存音像资料。许多工作应该拍照片、拍录像记录，比如新生到校、军训、开家长会等，都是非常珍贵的资料；再如现在许多班会课也会采用多种电子辅助教学资料，均应注意保存。

工作中，既要注意电子文档的保存，又要注意纸质文档的保存以及实物的保存。实物真实可感，有着不可代替的作用。

积累丰富的资料，有利于在工作中总结、回顾，便于在工作中思考如何突破创新，也有利于从容应对上级的相关检查。

二、加强宣传报道

在信息社会，"酒香不怕巷子深"已成为历史。酒香也要勤吆喝，今天要做好德育工作，打造德育品牌，学校必须加强宣传报道工作，提升单位的知名度和美誉度。德育主任尤其应增强这方面的意识，积极做好宣传报道工作。

1. 增强做好宣传工作的意识

有些德育主任不重视宣传工作，觉得"无暇应付""吃力不讨好"，认为宣传工作"可有可无"。这些错误观念必须改变。

认为"无暇应付"者，应学会"弹钢琴"。德育主任应建立班级、年级通讯网络，发动学生、教师积极做好宣传工作。

认为"吃力不讨好"者，应思考如何提高工作质量，增强创新意识，使工作有亮点、有特色、有实效。实际工作与宣传报道其实是互相作用的。

认为"可有可无"者，应认识到宣传报道工作本身也是大德育的范畴。经常的成功的宣传报道有助于激发学校活力，增强师生的自豪感，发挥学校教育的辐射作用，为整合学校教育、家庭教育和社会教育奠定坚实的基础，为新时期探索新的学校德育模式提供新思维，对学校整体形象和师生个体发展都有着重要的意义和作用。

2. 落实宣传工作的积极举措

（1）校内校外比翼齐飞。

要做好宣传工作，校内校外的宣传阵地、媒体都要重视。

校园网、校园广播站、校报、校园电视台是校内的重要展示平台，德育主任要协助校长办公室、网管中心办好相关栏目，如"校园新闻"要及时报道本校重大活动；

"德育之窗"可以分为"班主任风采""班级快讯""国旗下讲话""家校之间""社区天地"等栏目。

要保证栏目稿源充足，稿件质量高，用稿及时。要做好这一工作，德育主任应建立起班级、年级通讯网络，并协助建立审稿制度、评比表彰制度，对积极投稿的学生和老师予以奖励。

校外的媒体比较多，德育主任应"弹好钢琴"。

区县教育行政主管部门一般都有网站，条件好的还有报刊（有准印证）。德育主任应重视工作的宣传汇报。一般来说，在网站上发稿比较容易。德育主任应经常发稿，保持较高的用稿频率。

社会报刊的用稿标准相对高一些，这也提示我们，工作要有创意、有特色，要坚持做，这样用稿成功率必然会提高。

学生都喜欢阅读学生报刊。德育主任应组织师生积极投稿。学生在订阅的报刊上看到本校的文章，会更加关注。

（2）加强宣传队伍建设。

要做好宣传工作，队伍建设很重要。德育主任应采取"请进来，走出去"的培训模式加强队伍培训。可邀请报刊社记者、编辑到校给学生开讲座，同时走出校园，与兄弟学校开展交流活动，选派老师参加通讯员培训班，等等。

（3）密切结合校园活动。

校园活动是学校宣传工作的主要内容。学校应努力提升活动的质量，思考报道的亮点、创新点。如上海市晋元高级中学开展十八岁成人仪式暨志愿加入中华骨髓库活动，先后从活动的意义、加入志愿者队伍的人数、配对成功的志愿者、西藏学生加入中华骨髓库等不同角度切入，收到了非常好的宣传效果。上海市许多媒体的报道，又增强了学生的社会责任感。

三、开展帮困助学

每个学校都会有生活贫困的学生（简称"贫困生"）。帮助贫困生度过困难期是学校应高度重视的工作。学校应建立健全资困助学体系，不让一名贫困生因贫困而辍学。由于小学、初中为义务教育阶段，本章重点论及的对象为高中。

新生入学后，学校应指导班主任对每一位新生进行家庭情况调查，全面了解学生家庭情况，加强工作的针对性。

1. 建立贫困生资助机制

学校在进行贫困生认定工作以后，根据实际情况分别采取不同办法对其予以资助。主要形式有：

（1）国家助学金。

德育处要指导班主任认真学习有关文件，了解国家政策。比如《上海市普陀区普通高中国家助学金管理暂行办法》中规定：国家助学金的资助对象为在公办、民办等各类普通高中学校（不含综合高中）就读，并具有高中学籍的城乡低保家庭学生、烈士子女、孤儿、残疾学生以及其他家庭经济困难学生。其中"其他家庭经济困难学生"包括：

① 本人患重大疾病的（重大疾病的界定参照中国保险行业协会与中国医师协会制定的规范）。

② 双胞胎或多胞胎的困难家庭。

③ 监护人患重大疾病的（重大疾病的界定参照中国保险行业协会与中国医师协会制定的规范）。

④ 父母一方离世或离异的单亲困难家庭。

⑤ 家庭人均月收入低于1000元的准低保家庭（根据2011年9月下发的文件，低保标准为家庭人均月收入低于505元）。

⑥ 父母一方或双方残疾的困难家庭。

⑦ 父母一方或双方受管教的困难家庭。

⑧ 父母双方均签订协保且无其他额外固定收入的家庭。

⑨ 其他"一事一报"经济困难家庭（如第一监护人失职、失踪等，原则上由学校班主任、政教主任等两名教师提供"一事一报"情况）。

有关文件对助学的政策非常明确，但学生由于多种原因可能不愿意申报。德育处应指导班主任积极稳妥地做好工作，比如利用家访、家长座谈会、与学生个别谈心等，了解学生的家庭情况，对他们予以积极的帮助，同时应考虑到学生的心理感受，不做公示。

由于资助金额有时是分等级的，德育处应指导班主任掌握第一手资料，召开工作会议，公平、公正地确定等级。

（2）社会单位的资助。

现在，不少企事业单位很关注贫困生群体，德育处应积极配合，努力做好工作。

首先，应选好资助对象。如果说国家助学金的选择对象是生活困难的硬指标，社会单位资助对象的选择则有一定的机动性。建议选择家庭贫困但品学兼优的学生。

其次，应开好捐助座谈会。德育处可邀请捐助方代表到校与受助学生见面。会上，捐助方可介绍有关捐助的背景，表达对受助学生的殷切期望；受助学生也应汇报自己的体会。

最后，鼓励受助学生与捐助方开展结对活动，受助学生应不定期地汇报自己的学习生活情况，这样可将社会援助工作推向深入。

2. 走访困难学生

许多学校都提倡在寒假走访学生家庭。德育处应重点走访困难学生家庭。走访学生家庭，既是向困难学生送上慰问，帮助学生解决切实的生活困难，也是听取学生、家长意见，解决工作中存在的问题，加强家校沟通的有力举措。

在走访前，应做好充分的准备。先确定走访学生的名单，根据名单，确定走访路线，同时准备好慰问信、慰问金、慰问品。

走访时，应热情地向学生、家长表示慰问，认真倾听学生、家长的意见，并做必要的记录。对学生和家长的意见、建议，能解决的争取在第一时间解决。

走访结束后，应写好通讯报道。通讯稿上注意隐去学生的姓名。

在关爱中成长

上海市晋元高级中学 丁如许

今年的寒假来得迟。立春过后,暖暖的春风已吹拂大地。在阳光明媚的2月11日,我们走访了困难学生家庭。

红色的信笺上,打印出我们心底的话语,浅褐色的信封里,装进了学校对学生浓浓的爱意。带着慰问信、慰问金,我们走进困难学生的家庭。

——这是A同学的家。四户人家共用一个套间,小小的十几平方米的空间,居住着一家三口。爸爸生病,妈妈做钟点工,父母用肩膀扛起了这个家。"我们把希望寄托在孩子身上。"妈妈深情地告诉我。"我会努力的。"孩子也自信地说。要说A同学,我是熟悉的。这是个好强而能干的孩子,见到老师进门马上起身让座,谦恭有礼。我感慨地说,家庭贫寒其实也是一种财富,因为它催人思变、促人奋斗。在思变、奋斗的过程中,首先积累的是精神财富。

——我们来到B同学的家。这是典型的老上海石库门房。走过黑黑的走廊,我们来到B同学的家。这里空间不大,10平方米左右,祖母与孙子一起生活。身板还硬朗的祖母提起家事,连连落泪,B同学的父亲不幸英年早逝,但他非常争气,学业上取得了令人欣喜的成绩。祖母怜爱地说:"考上好大学,就可以告慰他父亲了。"我送上学校的慰问信,衷心祝愿B同学高考取得好成绩。祖母感激地说:"班主任也来过,学校还来。真感谢大家。"望着奶奶满头的银发,我感到我们应更多地关心每位学生,特别是困难学生,关心他们的思想,关心他们的学习,关心他们的生活,让他们更好地发展,支撑起自己的家。

——来到C同学家时,她的姑妈、伯伯都已在门外迎候。C同学的家还算宽敞，三室一厅。姑妈、伯伯介绍，他们是当地的农民，房屋是置换得到的。但C同学的父母均是残疾人，全家只靠父亲微薄的最低工资收入支撑，家里的家具都是伯父、姑妈"更新"后送来的。令我高兴的是，C同学还有堂姐送的电脑，并享受着"莘莘学子"的宽带优惠。我听着C同学伯父、姑妈的叙述，感到一股暖意在心中涌动。C同学的家庭虽然困难，但她的亲人给了他们许多帮助。当然，由于多种原因，C同学未向学校提出过困难补助申请，但学校在了解到有关情况后，会尽可能地给予C同学以帮助。相信在学校温暖的怀抱里，每个学生都会健康地成长。

——令我难忘的还有D同学。D同学的父亲也是英年早逝。父亲去世后，单靠母亲一个人的工资，生活比较艰难。不过，D同学很要强，他学习努力，还担任了班级干部。我们聊起了学校和班级的工作，我叮嘱他，要积极地做好班级工作，在做班级工作的过程中，增强责任感，全面提高自己的能力。我们还聊起了语文学习，聊起了寒假作业……他一定感受到了学校老师对他的真诚期望。

这一天我们走访了4位同学。看着他们的家境，我的脚步有点沉重。但我又感到，这些学生虽然家庭贫寒或遭受了重创，但他们的家人、亲友给予了他们无私的关爱，学校、老师、同学也给予了他们帮助。在创建和谐社会的氛围中，他们一定会更好更快地成长。

附：

慰 问 信

亲爱的同学：

您好！

当新春佳节来临之际，我们代表学校走访部分学生家庭，我们向同学们问声好！2009年，你们克服家庭的困难，努力学习；你们战胜疾病的折磨，奋力拼搏，你们都取得了出色的成绩。

已经过去的2009年，在我校发展史上又是不平凡的一年。这一年，我校进一步贯彻落实党和国家的教育方针，积极实施素质教育，学校的各项工作取得了跨越性的发展——隆重举行了建校105周年庆祝活动，连续被评为上海市文明单位，高考成绩取得新的突破，学校的社会美誉度不断提高。学校正迎来新的发展机遇。学校的成绩中也有你的付出、你的辛劳、你的光荣。

在新春来临之际，我们祝福你们身体好，学习好，以新的姿态投入到新学期的学习中去！

顺此也向您的家人表示新春的祝福！

上海市晋元高级中学
2010 年 1 月 31 日

四、做好订报用报

现在，不少学校的德育主任抱怨订报难、订报工作难做。其实订报与用报是紧密相连的。在订报用报时，我们应思考报刊订阅为何有困难，报刊订阅有什么作用，该订阅哪些报刊，怎样组织订阅报刊等。针对以上问题，工作中应做到：

1. 既要组织订报，又要指导用报；指导用报比订报更重要

订报是为了用报。用报应关注报刊的哪些功能呢？主要是了解信息，学习知识。

在了解信息方面，我们不仅要了解兄弟学校的经验、做法，还要增强主动意识，积极向报刊投稿，争取让报刊多刊登本校的信息，让学生在报刊上经常看到本校的信息，使大家认识到这是"我们的报刊"，增强认同感。我在晋元高级中学工作时，学校在许多报刊上发表了文章，比如《中学生报》头版刊载了学校"全国十佳中学生"周家耀的事迹报告、为纪念抗战胜利70周年开展的罗泾行考察活动，《校园周刊》头版刊载了著名作家张抗抗为我校学

生做的讲座。

"春天的约会"、第 28 届头脑奥林匹克比赛"小盒子里的大结构"高中组冠军我校头脑奥林匹克队的成长历程,《当代学生》长篇刊载我校"永恒的长征"主题班会课纪实,《新读写》在《新人物》栏目长篇介绍文学新人龚焦雷、刘畅。

在学习知识方面,我们应指导学生认真阅读报纸上的各类文章,认真学习期中、期末考试测试题,同时推荐学生的优秀文章,并组织学生积极参加报刊举办的各种竞赛活动。

2. 订阅教育主管部门推荐的报刊

学校订阅的报刊,应是经过实践检验、为学生所喜欢的刊物,同时也是由教育行政主管部门推荐的。

3. 切实做好组织订阅报刊工作

在许多时候,细节决定成功,为了做好报刊订阅工作,德育主任应认真做好每一环节的工作。

(1) 加强对班主任工作的指导,不断提高他们的认识。

在班主任会上,应宣传订报用报的意义,介绍订报用报的方法,确保班主任以积极的心态做好工作。

(2) 发放意见征询函,争取学生家长的理解与支持。

每次征订时,应向家长发放意见征询函,介绍读报用报的意义,列出具体的费用,请家长选择。对生活困难的学生,可给予减免或请报刊社向其赠送报刊。

对于个别不想订阅的家长、同学,应尊重他们的选择,不为难,不勉强,真正做到"自由订阅""自主选择"。

4. 为了充分发挥报刊的教育作用，要配合报刊社开展多种活动

（1）对报刊提出合理化建议。

作为读者，对所读的报刊最有发言权。我们曾建议《新读写》将 7、8 月合刊在 5 月底发到学校。因为是合刊，编的时间早，6 月发就显得晚了。《新读写》当即改进，提早发出，受到了学生的欢迎。

（2）配合报刊召开读者座谈会。

学校可配合报刊社在校召开座谈会，听取学生的意见和建议，帮助报刊社关注学生需求，提高办报（刊）质量。

（3）积极参加报刊社举行的活动。

现在报刊社经常有活动，学校应积极参加，并争取出色的成绩。

思考题

1. 您所在的学校建立了德育工作的资源库吗？您在工作中是否感受到了德育工作资源库带来的便捷和快乐？

2. 您重视宣传报道工作吗？请报道您所在学校最近的一项有特色、有实效的活动。

万千教育 基础教育类书目

书号	书名	著、译者	定价(元)
班主任工作理念与方法			
2204	做一个会"偷懒"的班主任（第二版）	郑学志 著	48.00
1708	怎样教授道德才有效 ——德育心理学家给教师的建议	杨韶刚 等 译	48.00
1709	学生特殊问题发现与应对 ——给普通教师的建议	昝飞 等 著	48.00
7318	与学生家长"过招" ——班主任的家长工作艺术和技巧	郑学志 著	26.00
7316	把班级还给学生 ——班集体建设与管理的创新艺术	郑立平 著	26.00
7319	班主任工作的55个"鬼点子"	刘坚新 等 编著	26.00
7344	遭遇问题学生 ——问题学生的教育与转化技巧	万玮 编著	25.00
7317	魅力班会是怎样炼成的	杨兵 著	25.00
8631	家校沟通，没有痛过你不会懂 ——知名班主任梅洪建的心路历程	梅洪建 著	32.00
0539	如何上好班级心理辅导活动课 ——钟志农答疑50问	钟志农 著	42.00
9902	德育主任新方略	丁如许 著	32.00
8611	班主任工作中的心理效应	刘儒德 主编	35.00
1135	班主任有效沟通的艺术与技巧	李进成 著	36.00

0541	班主任如何破解德育低效难题	赵 坡 著	35.00
9135	班主任，青春万岁——王君带班之道	王 君 著	34.00
8770	班主任如何带好差班	赵 坡 著	30.00
8309	扶年轻班主任上马	王 莉 著	38.00
7926	教师必须掌握的教育惩戒艺术	郑立平 等 著	28.00
7928	做一个聪明的班主任 ——对常见七类学生的教育艺术	郑立平 等 著	28.00
班主任工作理念与方法合计			**642.00**
中学生心理健康教育主题课程设计丛书			
0059	中学生心理课——生涯发展	廖丽娟 等 编著	28.00
0060	中学生心理课——情绪管理	杨红梅 等 编著	32.00
0185	中学生心理课——综合篇	中学生心理课综合篇教研组	52.00
中学生心理健康教育主题课程设计丛书合计			**112.00**
中学学科教学指导			
8632	王莉的初中作文教学创意	王 莉 著	36.00
0671	余映潮中学语文精品阅读课教学实录	余映潮 著	42.00
8562	余映潮的中学语文教学主张	余映潮 著	32.00
8548	不拘一格教语文	史金霞 著	38.00

......

欲了解更多图书信息，请登录：www.wqedu.com
联系地址：北京市西城区三里河路6号院2号楼213室　万千教育
咨询电话：010-65181109，65262933

*本目录定价如有错误或变动，以实际出书为准。